기독교문서선교회(Christian Literature Center: 약칭 CLC)는 1941년 영국 콜체스터에서 켄 아담스에 의해 시작되었으며 국제 본부는 미국 필라델피아에 있습니다. 국제 CLC는 약 650여 명의 선교사들이 59개 나라에서 180개의 서점을 운영하며 이동 도서 차량 40대를 이용하여 문서 보급에 힘쓰고 있으며 이메일 주문을 통해 130여 국으로 책을 공급하고 있는 국제적 문서선교 기관입니다.

추천사 1

김 경 원 목사 | 서울 서현교회 원로목사

먼저 『설교, 너무 잘하려고 하지 마라』라는 책 제목이 충격적이다. 모든 목회자의 소원이 설교를 잘하는 것 아닌가?

그런데 이 책을 읽다 보면 이 역설적 표현을 이해하게 된다. 즉, 설교를 너무 잘하려고 하지 않으면 잘하게 되는 것이다.

저자 김은동 목사는 설교 공부를 많이 했고, 한국 교회의 중견 목회자요 탁월한 설교자이다. 이 책에서는 설교학의 기본인 설교 이해, 설교 준비, 설교 구성 그리고 설교 계발까지 다루고 있다. 후배 목사와의 질문과 대답 형식으로 하여 독자들이 이해하기 쉽다.

이 책을 읽으면서 내가 신학생 시절과 부교역자 시절, 초기 담임목회 때 했던 힘들었고 부끄러웠던 설교가 생각났다. 목회의 꽃은 설교이며, 목회자의 가장 큰 사명이요 보람 역시 설교이다. 그런데 동시에 설교는 무거운 짐이요, 대다수 한국 교회 목회자들의 고민이다.

이 책은 목회자에게 좋은 설교, 바른 설교를 하도록 인도하는 지침서이다. 신대원생이나 목회 초년생뿐만 아니라 모든 목회자가 읽으면 큰 유익이 있으리라 확신한다. 책 제목 그대로 "설교, 너무 잘하려고 하지 마라." 그럴 때 좋은 설교가 나온다. 다시 이 역설에 공감하며 모든 목회자의 일독을 권하며 기쁘게 추천한다.

추천사 2

박 성 규 목사 | 총신대학교 총장

  41년간 설교자로 살아온 나에게도 이 책은 큰 유익이 되었다. 이 책은 제목부터가 신선하다. 목사는 누구나 설교를 잘하고 싶어 하는데 『설교, 너무 잘하려고 하지 마라』라는 제목이 아주 역설적이다. 이 책의 부제는 〈1년 차 담임목사가 22년 차 담임목사에게 묻는 40가지 설교에 관한 질문〉이다. 이 책이 담임목사로서 22년을 지낸 저자가 경험한 설교 준비와 전달 그리고 성도의 반응을 바탕으로 한 내용임을 나타내는 부제이다.
  저자는 설교가 목사의 사역에서 가장 중요한 사역이기는 하나, 설교를 너무 잘하려고 하면 생길 수 있는 세 가지 문제를 지적한다.

첫째, 목회의 다른 사역을 소홀히 할 수 있다.
둘째, 다른 사람의 설교를 표절할 수 있다.
셋째, 번아웃(탈진)이 올 수 있다.

  저자는 설교의 궁극적인 목적이 사람들이 좋아하는 것이 아니라 하나님의 영광을 드러내는 것, 즉 하나님의 이름을 높이는 것이라고 말한다. 하나님의 영광을 추구하는 것에 하나님의 뜻을 전하는 것이 포함된다고 말한다. 그러기 위해서 강해 설교가 가장 효과적인 방식이라고 말한다.

저자는 자신의 모든 주장의 근거로 설교학 책뿐만 아니라 다양한 단행본과 신문과 학술지의 내용을 소개하고 있다. 그래서 그의 주장이 신뢰할 만큼 아주 탄탄하게 느껴진다. 이것을 통해 저자가 얼마나 폭넓은 독서가인지도 알 수 있다.

다양한 독서의 결과 이런 재미있는 내용도 소개하고 있다. 설교 표절에 대해 말하면서 『교회, 가이사의 법정에 서다』라는 책의 159쪽을 인용하면서 설교를 표절하였을 때 저작권자가 고소하면 500만 원의 벌금형을 받는다고 말하고 있다. 이렇게 자신의 논리 하나하나를 적합한 자료로 논증하고 있어서 이 책은 좋은 책이다.

한편 설교는 영적인 일이기 때문에, 하나님의 도움이 없으면 아무것도 일어나지 않는다는 점을 강조하면서 하나님께 맡기는 기도를 강조하고 있다. 동시에 좋은 설교는 설교자가 영적으로, 인격적으로, 인문학적으로 계속 성장해 갈 때 가능하다고 주장한다. 즉, 설교자의 지속적 성장이 좋은 설교를 하게 한다고 말한다.

이 책을 몇 마디로 정의해 본다.

첫째, 설교의 알파부터 오메가까지의 내용을 다루고 있지만, 문답 형태로 전개함으로써 전혀 지루하지 않다.

둘째, 그 내용이 성경적이며, 설교학적이며, 풍성하다. 왜냐하면, 저자가 다양한 독서를 통해 얻은 보석 같은 교훈을 논리적 근거로 제시하고 있기 때문이다.

셋째, 대단히 실천적이다. 자신의 실제 경험을 바탕으로 하였기 때문에 이론서가 아니라 실천서이며, 이 책은 마치 설교 교범(FM, Field Manual) 같고 설교자들을 위한 액션 플랜(Action Plan, 세부 계획) 같다.

그러므로 이 책은 설교를 처음 하는 목회자들에게, 설교한 지 어느 정도 시간은 지났으나 아직도 어찌할 바를 모르는 목회자들에게, 설교를 웬만큼 잘하나 더 발전시키고 싶은 갈망이 있는 목회자들에게 강력하게 추천하고 싶은 참 좋은 책이다.

추천사 3

조동선 교수 | 한국 침례신학대학교 조직신학

이 책의 저자 김은동 목사는 일찍이 미국 유학 시절부터 강해 설교 연구에 매진했고, 이민교회 강단에서 강해 설교의 귀한 원리를 훌륭하게 풀어낸 설교자였다.

매주 설교와 씨름해야 하는 설교자에게는 설교의 실전 경험이 풍부할 뿐만 아니라 실제 설교에서도 좋은 열매를 산출한 설교 코치가 절대적으로 필요하다. 나는 김은동 목사가 바로 그런 코치이며 이 책이 그런 코칭이 필요한 설교자를 도울 수 있다고 확신한다.

이 책은 훌륭한 강해 설교에 필요한 요소를 쉽게 전달하고 있을 뿐만 아니라 설교를 듣는 청중에 대해서도 깊은 이해를 보여 준다. 저자는 기존의 설교학 교과서나 유명한 설교자의 설교집에서 볼 수 없는, 설교의 중요하고 실제적인 이슈들을 다루고 있다.

이 책은 1년 차 담임목회자와 경험이 풍부하고 노련한 22년 차 담임목회자가 나누는 질의응답식 대화체의 형식으로 되어 있다. 이런 형식을 통해 독자는 마치 자신이 질문자가 되어 저자를 독대하여 그런 실제적 이슈를 물어보는 듯한 생동감을 경험하게 될 것이다.

책의 목차에 있는 40가지의 장 제목만 보아도 설교에 대한 저자의 통찰력을 엿볼 수 있다. 저자는 설교자라면 평소에 설교 준비에 필요하다고 생각했을 지침을 어떻게 구체적으로 실행할 수 있는지 그 예시를 제시한다. 더욱이 그 예시는 저자가 상상하거나 다른 설교자의 것을 답습한 것이 아니라 저자가 자신의 설교 사역에서 직접 실행해 보고 검증한 효과적인 것이다.

그렇다고 이 책이 설교 사역을 오랫동안 한 노련한 설교자의 주관적인 간증집 형태의 글은 아니다. 저자는 주제마다 자신이 제시한 제안에 대하여 학문적으로도 지지받을 수 있는 객관적 자료를 제시한다. 따라서 이 책의 독자는 저자의 제안에 신뢰를 가질 수 있다.

『설교, 너무 잘하려고 하지 마라』는 설교 사역에 이제 막 입문한 설교자뿐만 아니라 오랫동안 설교를 해 왔지만 더 제대로 하고 싶은 설교자에게도 필요한 책이다. 현재 신학교에서 미래의 설교자가 되기 위해 준비하는 신학생과 현재 교회에서 설교 사역을 감당하는 모든 설교자가 꼭 읽어야 할 책이며, 앞으로 설교자들에게 많은 사랑을 받을 책이라고 생각한다.

추천사 4

김건우 목사 | 좋은씨앗교회 담임, 『예수께 기도를 배우다』 저자

 이 책의 제목 『설교, 너무 잘하려고 하지 마라』를 보고, 저자가 설교를 가벼이 여긴다거나 쉽게 준비한다고 오해하지는 말기 바란다. 오랜 시간 교제를 나누며 지켜본 저자는, 그 누구보다 설교를 중요하게 여기는 목사이기 때문이다.
 이 책은 책상에서 만든 연구의 결과가 아니라 설교의 현장에서 만들어진, 체험을 바탕으로 한 실전용 교재이다. 저자는 오랜 시간 '설교'라는 주제에 대해 고민했고, 다양한 시도를 했다. 나는 그 과정을 지켜보았고, 저자의 성장을 보았다. 이 책은 그 결과물이다.
 설교자라면 한 번쯤 고민해 보았을 법한 주제들을 다루는 이 책은 매우 실제적이고, 쉽게 읽힌다. 가르치려 하지 않고 자신의 경험을 친절하게 나눈다. 나 역시 고개를 끄덕이며 읽었고 실제적 도움을 받았다. 저자는 나에게 이 책을 통해 설교를 시작하는 이들에게 도움을 주고 싶다고 말했지만, 나는 설교를 오래 한 목회자들에게도 권한다. 설교를 시작하는 이들보다 오래 설교한 이들이 이 책의 내용을 더 잘 이해하고 공감할 수 있다고 생각하기 때문이다.
 이 책이 설교에 대한 목회자의 짐을 조금은 가볍게 해 주고, 그 사명을 끝까지 그리고 잘 감당하도록 도와주는 디딤돌이 되기를 바란다.

설교, 너무 잘하려고 하지 마라

1년 차 담임목사가 22년 차 담임목사에게 묻는
40가지 설교에 관한 질문

Don't Try To Preach Too Well
Written by Eundong Kim
All rights reserved.
Korean Edition Copyright ⓒ 2025 by Christian Literature Center, Seoul, Korea

설교, 너무 잘하려고 하지 마라

2025년 4월 20일 초판 발행

지 은 이 | 김은동

편　　집 | 이소현
디 자 인 | 소신애
펴 낸 곳 | (사)기독교문서선교회
등　　록 | 제16-25호(1980. 1. 18.)
주　　소 | 서울특별시 동대문구 천호대로71길 39
전　　화 | 02-586-8761-3(본사) 031-942-8761(영업부)
팩　　스 | 02-523-0131(본사) 031-942-8763(영업부)
이 메 일 | clckor@gmail.com
홈페이지 | www.clcbook.com
송금계좌 | 기업은행 073-000308-04-020 (사)기독교문서선교회
일련번호 | 2025-36

ISBN 978-89-341-2805-2(03230)

이 책의 출판권은 (사)기독교문서선교회가 소유합니다.
신저작권법에 의하여 한국 내에서 보호받는 저작물이므로 무단 전재와 무단 복제를 금합니다.

CLC 설교학 시리즈 72

설교, 너무 잘하려고 하지 마라

김은동 지음

이 시대 영향력 있는 영적 지도자들의 강력한 추천!

서울서현교회
김경원 원로목사

총신대
박성규 총장

침신대
조동선 교수

좋은씨앗교회
김건우 목사

CLC

목차

추천사 1 김경원 목사 | 서울 서현교회 원로목사 1
추천사 2 박성규 목사 | 총신대학교 총장 2
추천사 3 조동선 교수 | 한국 침례신학대학교 조직신학 5
추천사 4 김건우 목사 | 좋은씨앗교회 담임 7

프롤로그 16

제1부 설교 이해

1. 설교, '너무' 잘하려고 하지 마라 20
2. 설교를 대신할 사역은 없다 26
3. 설교는 반드시 강해 설교여야 한다 32
4. 설교는 소망을 주는 복음 설교여야 한다 37
5. 설교 표절은 안 된다 44
6. 새벽기도회 설교에 '너무' 부담을 갖지 말라 49
7. 설교의 길이가 '좋은 설교'의 기준은 아니다 57
8. 설교 후, 성도들에게 결단할 기회를 주라 63
9. 자신의 설교가 부족해도 만족할 수 있어야 한다 67
10. 설교 피드백은 '종종' 필요하다 73

제2부 설교 준비

1. 설교 계획을 하면 성도들이 설교를 더 잘 듣는다   81
2. 성경을 꾸준히 읽으면 '설교 본문'을 쉽게 찾을 수 있다   87
3. 성경을 묵상하면 '설교할 내용'을 확보할 수 있다   93
4. 설교 준비할 시간이 없다면 '재탕 설교'가 대안이 될 수 있다   99
5. 설교를 준비하기 싫을 때 여섯 가지 방법을 사용해 보라   104
6. 설교학 책을 보면 설교의 부족한 부분을 찾을 수 있다   110
7. 주석 보기 전에 성경을 먼저 보라   115
8. 매년 해야 하는 절기나 행사 설교도 신선하게 할 수 있다   122
9. 설교는 영적 전쟁이기 때문에 기도가 필요하다   127
10. 설교 원고에 매이고 싶지 않다면 설교 리허설을 하라   132

제3부 설교 구성

1. 중심 사상이 있는 설교는 기억하기 쉽다   139
2. 본론은 잘 들리도록 논리적으로 구성해야 한다   145
3. 좋은 예화는 설교에 더 공감하게 한다   151
4. 청중은 스스로 적용을 잘하지 못한다   156
5. 설교의 서론, 결론은 비행기의 이륙, 착륙과 비슷하다   162
6. 좋은 설교 제목은 설교를 기대하게 만든다   167
7. 성경의 다양한 주제를 설교로 다루어야 한다   173
8. 설교할 때 이 세 가지는 피하는 것이 좋다   178
9. 시리즈 설교로 성경의 주제들을 충분히 설명할 수 있다   183
10. 시리즈 설교는 두 가지 방식으로 만들 수 있다   189

제4부 설교 계발

1. 집중이 안 되는 주일 오후에는 이 방법을 사용해 보라   195

2. 설교를 활용하여 제자훈련을 해 보라   201

3. 설교 노트는 집중하고 기억하는 데 도움을 준다   208

4. 자료를 얻을 목적으로 다른 목회자의 설교를 듣지 말라   214

5. 글쓰기는 설교문 작성에 크게 도움이 된다   219

6. 설교자에게 독서는 선택이 아닌 필수다   224

7. 독서할 때 '자이가르닉 효과'를 이용해 보라   231

8. 일기를 일상의 기록으로 쓰면 설교에 도움이 된다   238

9. 주보를 설교의 노우미도 활용해 보라   244

10. '미리미리'가 여유와 평안의 열쇠다   249

참고 문헌   258

프롤로그

김은동 목사
서울 함께하는교회 담임

목회자라면 누구나 설교를 잘하고 싶어 합니다. 목회자 대부분은 설교를 잘하기 위하여 노력을 많이 합니다. 그런데 생각보다 설교 실력이 잘 늘지 않습니다. 느는 것은 설교가 아니라 스트레스입니다.

저는 22년 이상 일주일에 평균 다섯 번 내지 여섯 번의 설교를 해 왔습니다. 이렇게 많이 설교했으면 설교 전문가가 되어야 하지만 전혀 그렇지 못합니다. 오랫동안 설교에 눌려서 압박감을 심하게 받았습니다. 설교를 잘하려다가 오히려 스트레스를 많이 받은 것입니다.

설교에 부담이 많다 보니 목회를 균형 있게 할 수 없었습니다. 설교를 잘해야 하는 것은 맞지만, 설교를 너무 잘하려고 하는 것은 오히려 목회에 방해가 된다는 것을 뒤늦게 깨달았습니다.

설교를 소홀히 하지 않으면서도 균형 있는 목회를 할 수 있는 방법을 고민하였습니다. 이런 고민 덕분에 깨달은 방법은 설교를 미리 준비하는 것이었습니다.

저는 오랫동안 토요일에 설교 준비를 하였습니다. 이 습관을 바꾸면서 설교에 대한 압박감의 강도가 점점 줄어들기 시작했습니다. 설교 준비를 주말에서 주초로 당겨서 하다가, 나중에는 한 주간 전으로 당겨서 했습니다. 하루라도 더 당길수록 설교 부담감이 줄어드는 경험을 했습니다. 스트레스가 줄어드니 마음에 평안과 여유가 찾아왔습니다.

설교가 주는 압박감에서 벗어나 여유와 평안을 얻고 나니 설교에 부담을 느끼는 많은 목회자에게 제가 경험한 것을 공유하고 싶었습니다.

어느 날 담임목사가 된 지 1년 정도가 된 후배 목사를 만나서 1년 동안 목회하면서 가장 힘든 것이 무엇인지를 물었습니다. 후배 목사는 조금도 주저함 없이 설교가 많아서 힘들다고 말했습니다. 그 후에 후배 목사에게 설교에 관하여 이런저런 조언을 주었습니다.

그렇게 후배 목사에게 설교에 관하여 제 경험을 나누면서 더 많은 목회자에게 도움을 주면 좋겠다고 생각했습니다. 그래서 이 책을 쓰게 되었습니다.

형식적으로는 어떻게 책을 쓸까 고민하다가, 읽기에 딱딱한 이론서 문체가 아니라 공감하면서 쉽게 읽을 수 있는 대화체로 쓰기로 결정했습니다.

책에 등장하는 '박 목사'는 담임목사가 된 지 1년이 된 후배 목사를 지칭합니다. 담임목사가 된 지 1년 정도 된 목회자(박 목사)가 설교에 관한 궁금증을 저(김 목사)에게 질문하면 제가 대답하는 형식으로 썼습니다. 물론, 이 책은 단지 담임목사가 된 지 얼마 안 된 목회자들만을 위한 책은 아닙니다. 설교에 고민이 많은 목회자를 대상으로 쓴 책이기도 합니다.

이 책은 설교를 잘하게 해 주는 책은 아닙니다. 설교의 짐을 덜어 주고 설교를 바르게 할 수 있도록 돕는 책입니다. 제가 22년 이상의 목회 경험을 토대로 책을 썼지만 단지 주관적 견해만을 쓰지는 않았습니다. 제가 주장하는 것들에 대한 이론적 근거도 함께 실었습니다.

시중에는 설교에 관한 좋은 책이 많습니다. 그런 책들을 통하여 설교를 배우면서 목회 현장에서 어떻게 설교하는 것이 좋을지 고민될 때 이 책을 읽으면 도움이 될 것이라고 생각합니다.

이 책을 쓸 수 있도록 배려해 주신 함께하는교회의 당회와 성도들에게 감사를 드립니다. 안식월을 허락해 주셔서 제가 집중적으로 책을 쓸 수 있었습니다. 여러모로 부족함이 많은 책이지만, 많은 목회자가 이 책을 통하여 설교의 무거운 짐에서 벗어나서 평안과 자유를 얻을 수 있기를 간절히 소망합니다.

제1부

설교 이해

❶ 설교, '너무' 잘하려고 하지 마라

❷ 설교를 대신할 사역은 없다

❸ 설교는 반드시 강해 설교여야 한다

❹ 설교는 소망을 주는 복음 설교여야 한다

❺ 설교 표절은 안 된다

❻ 새벽기도회 설교에 '너무' 부담을 갖지 말라

❼ 설교의 길이가 '좋은 설교'의 기준은 아니다

❽ 설교 후, 성도들에게 결단할 기회를 주라

❾ 자신의 설교가 부족해도 만족할 수 있어야 한다

❿ 설교 피드백은 '종종' 필요하다

설교, '너무' 잘하려고 하지 마라

박 목사 오늘부터 목사님께 제가 1년 동안 담임목회를 하면서 설교에 대하여 궁금했던 것들을 하나씩 여쭈어보겠습니다. 목사님은 설교에 관한 공부도 하셨고, 22년 이상 담임목회를 하셨으니 제게 답을 주실 수 있을 것으로 생각합니다.

김 목사 박 목사의 질문에 올바른 답을 줄 수 있을지 모르겠네. 박 목사와의 만남이 내게도 유익할 것 같네. 지금까지 해 온 설교를 돌아볼 수 있는 기회가 될 것 같기 때문이네. 우리의 만남이 박 목사의 설교 사역에 조금이나마 도움이 되면 좋겠네. 설교에 대하여 뭐든지 질문해 보게.

박 목사 담임목회 1년 동안 제일 힘든 사역이 설교였습니다. 담임목사가 된 후, 일주일 동안 해야 하는 설교 횟수를 계산해 보고는 숨이 막히는 듯했습니다. 지난 1년 동안 쏟아지듯 밀려오는 설교를 하느라 정신없이 지낸 것 같습니다.

> 매주 하는 설교는 모두 몇 편이냐는 질문에는 45.70퍼센트의 응답자가 1-5편으로 응답해 가장 많았다. 다음으로 10-15편(25.79퍼센트), 6-9편(24.44퍼센트) 순으로 나타났다.[1]

김 목사 박 목사의 말에 공감하는 담임목회자가 대한민국에 많을 것 같네. 담임목회의 무거움은 설교의 무거움이라고 할 수 있네. 나도 담임목회를 하는 동안 제일 힘든 사역이 설교였네.

내가 목회하는 교회에는 부목사들이 있어서 설교의 나눔이 가능하지만, 박 목사는 모든 설교를 혼자 감당해야 하니 얼마나 힘들겠는가?

박 목사 목사님을 뵐 때 목사님께서는 설교가 그리 부담스러운 사역 같지 않아 보입니다. 늘 여유가 있어 보이기 때문입니다. 저에게도 그런 여유가 빨리 생겼으면 좋겠습니다.

담임목사가 된 지 얼마 되지 않은 저 같은 목회자에게 설교에 대하여 하시고 싶은 말씀이 있으십니까?

김 목사 담임목회를 시작하는 목회자에게 꼭 해 주고 싶은 말이 있네. 그것은 설교를 '너무' 잘하려고 하지 말라는 것이네. 설교 중심의 목회를 해 온 목사가 이런 말을 하니 의아할 것 같다는 생각이 드네. 오해는 하지 말게. 나는 담임목회를 시작하는 목회자들에게 설교

1　"설교, 어떻게 생각하십니까?", 「목회와 신학」, 2013년 1월 호, 76.

를 '대충' 하라고 말한 것은 아니네. 설교를 '너무' 잘하려고 하지는 말라는 것이라네.

박 목사 목사님의 말씀을 들으면서 약간 놀라긴 했습니다. 왜냐하면, 담임목회를 시작하는 목회자들에게 설교에 목숨을 걸라는 식의 말씀을 하실 줄로 생각했기 때문입니다.

그렇다면 왜 설교를 '너무' 잘하려고 하면 안 되는 것입니까?

김 목사 설교를 너무 잘하려고 하면 목사에게 세 가지 문제가 생길 수 있다네.

첫 번째 문제는 다른 사역을 소홀히 할 수 있다는 것이네. 담임목사는 설교만 하는 사람이 아니지 않은가. 교회의 크기와 상관없이 담임목사가 해야 할 일은 많네. 설교를 너무 잘하려고 하면 자나 깨나 '설교 준비해야 하는데'라는 생각을 하고 산다네. 그래서 다른 사역을 하는 것이 쉽지 않네.

내가 이렇게 말하는 이유가 뭔지 아는가?

내가 오랫동안 그렇게 했기 때문이네.

박 목사 목사님의 말씀을 약간 이해할 수 있을 것 같습니다. 저도 지난 1년 동안 설교 준비하느라 다른 사역을 제대로 못했기 때문입니다.

김 목사 설교를 너무 잘하려고 할 때 생길 수 있는 **두 번째** 문제는 다른 목회자의 설교를 표절할 가능성이 높아진다는 것이네. 설교를 잘해야 한다는 압박감으로 자연스럽게 다른 목회자의 설교에 눈길이 가게 된다네. 설교 표절은 목사가 해서는 안 될 일이네. 설교 표절이 문제가 되어 목회를 그만두는 목회자들이 있다는 것을 기억하게. 설교 표절을 쉽게 생각하지 말게. 박 목사가 설교 표절의 문제로부터 자유로울 수 있는 방법 중 하나가 설교를 너무 잘하려고 하지 않는 것이라네. 설교 표절에 대해서는 나중에 좀 더 자세히 이야기하도록 하겠네.

> 표절은 진실한 설교자가 되기 위해 특히 주의해야 할 부분이다. 많은 사람이 강단에서 다른 사람들의 생각을 사용해도 좋다고 주장할 것이다. 그러나 지적 재산을 허락 없이 도용하는 것은 도둑질이다. 표절은 다른 사람의 아이디어나 말을 마치 우리 자신의 것인 양 말할 때 생기는 문제다.[2]

박 목사 설교 표절을 말씀하시니 약간 찔립니다. 설교 준비가 잘 안 될 때 다른 목회자의 설교를 참고한 적이 있기 때문입니다.

세 번째 문제는 무엇입니까?

김 목사 설교를 너무 잘하려고 할 때 생길 수 있는 **세 번째** 문제는 스트레스로 인해 번아웃이 생길 수 있다는 것이네. 설교가 목회자에게 짐이 되기 시작하면 점점 그 짐에 눌리게 되네.

그러다가 어느 순간에 번아웃이 찾아온다네. 번아웃이 찾아온다면 더 이상 설교를 하기 힘들 것일세. 번아웃이 무기력과 의욕 상실을 동

---

[2] 해돈 로빈슨, 『성경적인 설교와 설교자』, 전의우 옮김 (두란노아카데미, 2007), 121.

반하기 때문이네. 담임목회를 시작한 지 얼마 되지 않은 목회자들은 번아웃을 조심해야 하네.

> 번아웃의 사전적 의미는 연료가 다 타서 소모돼 버린 것을 말하는데, 심리학 용어로 처음 사용되었을 때 '한 가지 일에만 몰두하던 사람이 신체적, 정신적 피로감으로 인해 무기력증, 자기혐오, 직무 거부 등에 빠지는 증상'이라는 의미로 쓰였다.[3]

박 목사 목사님의 말씀을 들으니 그럴 수 있겠다는 생각이 들었습니다. 저도 설교로 인해 스트레스가 많기 때문입니다.

그럼 번아웃을 막을 방법은 무엇입니까?

김 목사 지금보다 나중을 바라보면서 설교하도록 하게. 지금 좋은 설교자가 되는 것도 좋은 일이지만, 나중에 좋은 설교자가 되는 것이 더 좋은 일이네.

박 목사는 담임목사가 된 지 1년밖에 안 되었네. 지금 섬기는 교회에서 20년을 목회한다면 이제 겨우 20분의 1을 지난 것이네. 물론, 지금 교회에서 20년을 목회하게 될지는 알 수 없네. 그럴지라도 멀리 바라보고 목회하는 것이 필요하네. 목사가 좋은 설교자로 계속 성장할 때 교인들에게 유익이 될 것일세. 더 좋은 말씀을 들을 수 있기 때문이네. 그리고 좋은 설교자가 되는 데는 시간이 필요한 법이네.

---

3 장문정, 『사람에게 돌아가라』(쌤앤파커스, 2015), 62.

박 목사 저도 시간이 흐를수록 더 좋은 설교자가 되면 좋겠습니다. 이런 설교자가 되기 위해서는 어떻게 해야 합니까?

김 목사 세상에서 성공한 사람들의 공통점이 무엇인지 아는가? 그들은 모두 좋은 습관을 가지고 있다네. 좋은 습관이 좋은 결과로 이어진 것이네. 어떤 습관을 가지고 있는가에 따라서 미래는 달라진다네.

이것은 목회자에게도 동일하게 적용할 수 있네. 박 목사에게 좋은 습관이 있다면 앞으로 더 좋은 설교자가 될 것이 틀림없네. 목회자에게 필요한 좋은 습관이 무엇인지는 나중에 이야기하겠네.

> 미국의 저명한 컨설턴트인 잭 D. 핫지는 "성공한 사람과 보통 사람의 차이는 지능이나 재능, 능력이 아니라 습관의 차이에 있다"라고 말한다.[4]

박 목사 네, 알겠습니다. 좋은 설교자가 되는 데 좋은 습관이 필요하다는 말씀을 마음에 새기겠습니다.

김 목사 기대가 되네. 오늘부터 헤어질 때 숙제를 내주겠네. 오늘 숙제는 좋은 설교자가 되는 데 필요한 습관을 다섯 가지로 정리해 보는 것이네.

---

4 김병태, 『행복한 권사』(브니엘, 2020), 157.

설교를 대신할 사역은 없다

박 목사 목회하면서 '설교란 도대체 무엇일까'라는 생각을 종종 해 봅니다. 설교 준비에 너무 많은 시간과 에너지가 들어가기 때문인 것 같습니다.

목회에서 설교의 비중을 어느 정도로 생각해야 할까요?

김 목사 목사는 설교를 다른 사역보다 더 중요하게 여겨야 하네. 담임목사가 하는 일 중에 중요하지 않은 일이 어디 있겠는가. 심방도 중요하고, 행정도 중요하고, 훈련도 중요하네. 그런데 이 모든 사역보다 설교가 더 중요하다고 말하고 싶네. 왜냐하면, 설교는 하나님의 말씀을 전하는 사역이기 때문이네.

하나님의 관심이 무엇인가?

죄인을 구원하는 일 아니겠는가. 하나님은 죄인을 구원하실 때 말씀을 전하는 종을 세우시지 않는가.

오늘날에는 목회자가 그 일을 하고 있네. 그래서 목사에게 가장 중요한 사역은 설교라고 할 수 있네.

> 목회는 구원 사역이다. 죄에 빠진 인간이 예수 그리스도를 믿고 구원에 이르도록 하는 수단이 목회라면, 구원에 이르도록 믿음을 세우는 사역은 설교다. (중략) 설교는 교회의 중심적 사명이다. 설교 없이는 목회를 할 수 없다. 설교는 목회의 생명이며, 교회를 교회 되게 하는 사역이다.[1]

`박 목사` 목사님의 말씀을 들으면서 코로나가 설교의 중요성을 알려 준 것 같다는 생각이 들었습니다. 코로나 시대에 목사가 할 수 있는 거의 유일한 사역이 설교였기 때문입니다.

`김 목사` 매주 많은 설교를 준비하다 보면 설교 자체가 고역으로 느껴질 수 있네. 그럴지라도 설교의 고유한 가치를 생각하며 열심히 설교해야 하네. 하나님은 택한 자들에게 설교를 통해 말씀을 듣게 하시고 믿음을 갖게 하신다네. 믿음을 가지게 되는 유일한 방법은 그리스도의 말씀을 듣는 것이네.

"하나님께서 전도의 미련한 것으로 믿는 자들을 구원하시기를 기뻐하셨도다"(고전 1:21).

이 말씀에서 '전도'는 설교로 해석할 수 있네.

하나님께서 사람을 구원하시기 위해 설교를 사용하신다면 설교보다 더 가치 있는 사역이 무엇이겠는가?

---

1 구금섭, 『구속사적 설교신학』(한국학술정보, 2007), 16.

> 교회나 기독교 목사의 제일 첫째 임무는 하나님의 말씀을 전하는 것입니다. (중략) 만일 구원이 사람에게 가장 큰 요구이며, 인간의 가장 궁극적인 곤경이 하나님을 반역한 결과인 무지에서 발생한 것이라면, 사람에게 가장 절실한 것은 이것에 관해서 듣는 것이며, 자신의 처지가 어떻다는 것을 알고 이것이 처리될 수 있는 오직 유일한 길이 무엇인지 아는 것입니다. 그러므로 나는 이 모든 것을 아는 것은 교회와 목사의 고유한 임무라고 주장합니다.[2]

박 목사 영혼을 살리는 데 설교가 쓰임받는다면, 설교만큼 가치 있는 사역은 없을 것 같습니다.

김 목사 또한, 하나님은 설교를 통해 백성을 변화시켜 선한 일을 하는 자로 만드시네.

"이는 하나님의 사람으로 온전하게 하며 모든 선한 일을 행할 능력을 갖추게 하려 함이라"(딤후 3:17).

하나님은 설교를 통해 택한 자들에게 지속적으로 말씀을 공급하신다네.

박 목사 목사님의 말씀에서 설교가 얼마나 가치 있는 사역인지 새삼 깨닫게 됩니다. 그런데 오늘날 전통적인 설교 방식에 의문을 가진 사람이 많습니다. 탈권위주의 시대에 일방적인 독백 스타일의 설교가 더 이상 효과적이지 않다는 것입니다.

---

2 마틴 로이드 존스, 『목사와 설교』, 서문강 옮김 (CLC, 2020), 24, 36–37.

이들은 전통적인 설교 방식 대신 대화나 드라마 같은 방식을 도입해야 한다고 주장하는데, 목사님은 어떻게 생각하십니까?

김 목사 나는 동의하지 않네. 만약 이런 독백 스타일의 전달 방식이 시대에 뒤떨어져서 더 이상 효과가 없다면 이미 세상에서 이 방식이 자취를 감추었을 것이네. 그러나 교회 바깥에서도 이런 독백 스타일의 전달 방식은 여전히 사용되고 있네. 학교나 회사에서도 다수에게 정보를 전달할 때 이 방식을 사용하고 있네. 독백 스타일의 전달 방식인 설교를 시대에 맞지 않는 방식이라고 규정하는 것은 적절하지 않다고 생각하네.

> 드라마나 영화, 연극은 하나님의 말씀을 명쾌하고 선명하게 전하기가 어렵습니다. 그저 회중 각자가 그 나름대로 '하나님의 말씀이 이렇겠구나' 하고 주관적으로 느낄 뿐입니다. (중략) 설교는 계속해서 어떤 사람들에게는 미련한 방식이라고 매도되겠지만, 하나님이 영혼을 구원하는 데 사용하시는 탁월하고 신비한 방법임은 분명합니다.[3]

박 목사 저도 같은 생각입니다. 한 사람이 다수에게 독백으로 말하는 방식은 주님 오실 때까지 지속될 것 같습니다.

목사님, 혹시 설교의 가치를 깨닫게 하는 또 다른 무엇이 있을까요?

---

3 김형익, 『설교 듣는 법』 (두란노, 2020), 34.

김 목사 박 목사는 설교의 궁극적인 목적이 무엇이라고 생각하나?

박 목사 앞에서 말씀하신 것처럼, 영혼 구원이 설교의 목적이라고 생각합니다.

김 목사 그렇게도 말할 수 있지만 설교의 궁극적인 목적은 하나님의 영광일세. 우리가 설교하는 이유는 하나님의 영광을 드러내기 위함이네. 그래서 목회자는 설교할 때 하나님의 영광을 드러내는 데 초점을 두어야 하네.

> 설교의 목적은 사람들이 하나님의 영광을 찬양하게 하는 것이다. 그래서 설교자들은 복음이 그 모든 영광을 드러내도록 총력을 기울여야 한다. (중략) 설교자는 사람의 언어로 하나님의 영광을 분명하고 강력하게 드러내야 한다.[4]

박 목사 지금까지 저는 사람들이 좋아하는 설교라면 좋은 설교라고 생각했습니다. 그러나 목사님의 말씀을 들으면서 사람들이 좋아해도 실패한 설교일 수 있다는 것을 깨달았습니다. 왜냐하면, 사람들이 좋아해도 하나님의 영광을 드러내지 못한다면 실패한 설교이기 때문입니다.

---

[4] 해돈 로빈슨, 『성경적인 설교와 설교자』, 전의우 옮김 (두란노아카데미, 2007), 316.

김 목사 설교의 가치는 하나님의 이름을 높일 때 드러나는 것이네. 하나님께 영광이 되는 설교가 세상적으로 인정받지 못할 수도 있네. 인기 없는 설교가 될 수 있고 사람들에게 외면받는 설교일 수 있네. 그렇지만 이런 설교를 할 때 하나님의 격려와 위로가 있을 것이네.

박 목사가 묵묵히 하나님을 바라보며 하나님의 영광을 위한 설교를 계속해 나간다면, 하나님께서 적절한 때에 위로와 격려를 주실 것일세.

박 목사 하나님의 위로와 격려가 있다면, 힘을 내어 계속할 수 있을 것 같습니다.

오늘 주실 숙제는 무엇입니까?

김 목사 이번 주에 설교 준비를 한 후에 하나님께서 기뻐하실 설교인지를 생각하는 시간을 가져 보게. 이것이 숙제일세.

설교는 반드시 강해 설교여야 한다

박 목사 강해 설교에 대해 알고 싶습니다. 설교를 바르게 하려면 강해 설교를 해야 한다는 말을 들었습니다. 강해 설교가 무엇이며, 왜 해야 하는지를 말씀해 주세요.

김 목사 강해 설교는 성경을 충실하게 전하는 설교일세. 그렇다면 목회자는 강해 설교를 해야 하네. 강해 설교에서 가장 중요한 것은 설교 본문을 연구하는 데 시간을 많이 투자하는 것이네.

박 목사는 설교 본문을 연구하는 데 시간을 얼마나 투자하고 있는가?

> 하나님께서는 성경을 통해 말씀하신다. 이 성경이야말로 현대인들에게 하나님께서 자신을 계시하시는 통로가 되고 있는 것이다. (중략) 하나님께서 설교를 통해 개인들과 만나시고, 그들의 영혼을 붙잡으시는 순간에는 무엇인가 장엄한 사건이 발생하게 되는 것이다. 신적인 권위의 능력을 가장 온전하게 전달하는 설교가 바로 성경강해 설교이다.[1]

---

1 해돈 로빈슨, 『강해 설교』, 박영호 옮김 (CLC, 2016), 21-23.

박 목사 정확히는 모르겠습니다. 본문 연구에 열 시간 정도를 투자하고 있는 것 같습니다. 본문의 단어와 문장의 의미를 정확하게 이해하고자 애쓰고 있습니다.

김 목사 설교 본문에 얼마나 시간을 투자해야 하는지에 관한 법은 없네. 중요한 것은 본문을 충분히 연구하여 저자의 의도를 파악하는 것이네. 성경 본문을 철저히 연구하는 것이 강해 설교의 기본이기 때문이네. 이것이 안 되면 강해 설교일 수 없네.

박 목사 제 설교가 강해 설교일 수도 있겠네요.

김 목사 박 목사의 설교가 강해 설교일 수도 있고, 아닐 수도 있네. 성경을 잘 설명하는 것이 강해 설교의 전부는 아니기 때문이네.

박 목사 강해 설교의 또 다른 특징은 무엇입니까?

> 우리가 강해 설교가 무엇인지를 알기 위해서는 먼저 강해 설교가 아닌 것이 무엇인지를 아는 것이 필요하다. (중략)
>
> **첫째**, 강해 설교는 단어 하나하나, 구절 하나하나를 주석하는 것이 아니다.
> **둘째**, 강해 설교는 철저한 석의와 논리적인 배열이 없이 산만하게 주를 달거나 즉석에서 떠오르는 생각을 나누는 것이 아니다.[2]

---

2 주승중, 『성경적 설교의 원리와 실제』 (예배와설교아카데미, 2006), 29.

김 목사 강해 설교의 중요한 특징은 분명한 핵심 메시지, 즉 중심 사상(메인 아이디어)이 있다는 것이네. 성도들이 강해 설교를 듣는다면 설교의 핵심 메시지가 무엇인지 알 수 있다네.

혹시 박 목사는 본문을 자세하게 해석하는 데에만 중점을 두고 설교하고 있지 않는가?

> 강해 설교란 본문에서 가장 핵심이 되는 메시지(central idea)를 추출해 오늘의 청중에게 잘 적용(application)하는 것을 의미한다.[3]

박 목사 그런 것 같습니다. 설교 본문을 상세하게 설명하는 데 중점을 두고 있습니다. 단어들을 설명하고, 문장의 의미를 해석해 줍니다. 설교를 듣는 청중이 설교 본문을 충분히 이해하도록 돕고 있습니다.

김 목사 강해 설교는 단지 본문만 설명하는 설교는 아니네. 강해 설교는 본문을 해석하면서 중심 사상을 찾고, 그것을 중심으로 설교하는 방법이네. 중심 사상에 관해서는 다음번에 자세히 설명하겠네.

박 목사 설교 준비하면서 중심 사상을 찾지 않았습니다. 그럼 제 설교는 강해 설교라고 할 수 없겠네요.

강해 설교의 또 다른 특징이 있습니까?

---

3 신성욱, "강해 설교로 시리즈를 구성하라", 「목회와 신학」, 2017년 12월 호, 67.

김 목사 강해 설교의 또 다른 특징은 설교자가 설교문을 자신에게 먼저 적용하는 것이네. 설교자는 청중에게 설교하기 전에 먼저 자신에게 설교해야 하네. 설교자가 말씀을 받고 그 말씀에 먼저 반응하는 것이 필요하네. 설교 준비할 때 설교자는 청중만 생각하기 쉽네.

사도 바울은 말했네.

"내가 남에게 전파한 후에 자신이 도리어 버림을 당할까 두려워함이로다"(고전 9:27).

성령께서는 설교자를 변화시키고, 그다음에 청중을 변화시키기를 원하시네.

박 목사는 설교를 준비하면서 자신이 설교 앞에 서는 시간을 가지는가?

> 강해 설교란 성경 본문의 배경에 관련하여 역사적, 문법적, 문자적, 신학적으로 연구하여 발굴하고 알아낸 성경적 개념, 즉 하나님의 생각을 전달하는 것으로서, 성령께서 그 개념을 우선 설교자의 인격과 경험에 적용하시며, 설교자를 통하여 다시 회중에게 적용하시는 것이다.[4]

박 목사 그렇게 하지 못하고 있습니다. 설교자인 제가 말씀을 들어야 할 대상임을 생각하지 않았습니다. 앞으로 설교 준비를 하면서 말씀 앞에 제가 먼저 서도록 하겠습니다.

---

4   해돈 로빈슨, 『강해 설교』, 23.

김 목사 그렇게 하게. 그러나 자신이 준비한 설교 앞에 서는 것이 쉽지 않네. 나도 내 설교 앞에 서는 것이 여전히 어렵다네. 그렇지만 설교를 준비하면서 말씀 앞에서 나 자신을 돌아보려고 노력하고 있네. 우리가 이렇게 할 때, 하나님은 우리의 인격과 삶을 사용하셔서 청중의 삶을 변화시키실 것이네.

박 목사 강해 설교가 쉽지 않은 것 같습니다. 하지만, 설교자 자신을 위해서라도 강해 설교가 필요하다는 생각이 듭니다.

김 목사 강해 설교를 잘하는 목회자가 되길 바라네.
 오늘 숙제는 다가오는 주일 설교 준비를 하면서 박 목사가 먼저 말씀 앞에 서는 것이네. 하나님께서 박 목사에게 주시는 말씀이라고 생각하고 말씀을 읽으면서 자신에게 먼저 적용해 보게.

설교는 소망을 주는 복음 설교여야 한다

박 목사 복음 설교를 해야 한다는 이야기를 자주 들었습니다. 어떻게 하는 것이 복음 설교인지 알고 싶습니다.

김 목사 우리의 설교는 복음 설교여야 하네.

복음 설교라는 말을 많이 쓰지만, 어떤 설교가 복음 설교인지 말하는 것은 쉽지 않네.

설교 때마다 십자가를 언급하면 복음 설교인가?

아니면 예수님을 언급하면 복음 설교인가?

> 복음은 이것이다. 하나님은 은혜의 행위로써 그분의 아들 예수 그리스도를 인간으로 이 땅에 보내셨다. 이는 그리스도의 삶과 죽음과 부활을 통해 우리를 구원하시고, 왕으로 다스리시며 우리가 누려야 할 영원하고 온전한 삶으로 우리를 이끄시기 위해서다.[1]

---

[1] J. D. 그리어, 『복음 특강』, 정성묵 옮김 (두란노, 2023), 238.

박 목사 저도 설교를 준비할 때 '예수님과 십자가를 늘 언급해야 하나?'라는 생각을 종종 합니다. 복음서나 신약성경을 설교할 때는 예수님을 자연스럽게 이야기할 수 있지만, 구약성경을 설교할 때는 그렇게 하기 쉽지 않습니다.

김 목사 많은 목회자가 박 목사와 같은 고민을 하고 있을 것이네. 복음 설교가 무엇인지 알기 위해서는 복음 설교가 아닌 것이 무엇인지 먼저 아는 것이 필요하네.

박 목사는 복음 설교가 아닌 설교, 즉 목회자들이 피해야 할 설교는 어떤 것이라고 생각하는가?

박 목사 도덕주의, 율법주의 그리고 기복주의 설교라고 생각합니다. 이런 설교는 예수님의 은혜와 공로보다는 인간의 선행이나 노력을 강조하는 설교이기 때문입니다.

> **종교**: 나는 순종한다. 그러므로 용납받는다.
> **복음**: 나는 용납받았다. 그러므로 나는 순종한다.
> **종교**: 순종하는 동기는 두려움과 불안이다.
> **복음**: 순종하는 동기는 감사와 기쁨이다.
> **종교**: 순종하는 이유는 하나님께 무엇을 받기 위해서이다.
> **복음**: 순종하는 이유는 하나님을 더 알기 위함이다.
> 하나님을 기뻐하고 닮아 가는 것이다.[2]

---

2 팀 켈러, 『팀 켈러의 센터처치』, 오종향 옮김 (두란노, 2016), 138.

김 목사 그렇네. 도덕주의, 율법주의 그리고 기복주의 설교는 복음 설교가 아니네. 그런데 목회자들이 이런 설교를 자주 하는 것 같네. 왜 목회자들이 이런 설교를 좋아한다고 생각하는가?

박 목사 인간의 보편적인 사고방식과 일치하기 때문이 아닐까 생각합니다. 사람은 자신이 노력하면 원하는 것을 얻는다고 생각하며 살아갑니다. 하지만, 복음은 그 반대를 이야기합니다. 복음은 인간이 죄인이며, 자신의 노력으로 구원을 얻을 수 없다고 말합니다. 인간의 선행과 노력을 부정하니까 복음은 듣기 불편한 메시지입니다. 오히려 착하게 살면 복 받고 불순종하면 벌 받는다는 식의 설교가 받아들이기 쉽습니다.

김 목사 도덕주의, 율법주의 그리고 기복주의 설교의 가장 심각한 문제는 무엇일 것 같은가?

박 목사 인간을 높이고 하나님을 낮추는 것이라는 생각이 듭니다.

김 목사 박 목사의 말에 살을 조금 붙여 말하면, 이런 설교들은 하나님의 은혜를 드러내지 못한다네. 복음의 핵심은 은혜 아닌가. 그런데 은혜보다 인간의 정성이나 공로를 더 가치 있게 여기는 설교가 이런 설교라네.

> 분명 너무나 많은 그리스도인이 하나님의 용납을 조건적이라고 느끼며 고통을 겪어 왔다. 마치 우리를 향한 하나님의 사랑이 결국 우리의 행위에 달려 있다는 듯이 말이다. 그러면 하나님은 만족스러운 성과에 기뻐하는 학교 선생님이나 법규를 잘 지키는지 확인하는 경찰처럼 되시고 만다. 하지만, 복음은 하나님의 은혜에 관한 것이다.[3]

박 목사 저도 어릴 때부터 "헌금을 잘해야 복을 받는다", "봉사를 잘해야 복을 받는다", "예배를 잘 드려야 복을 받는다", "순종해야 복을 받는다"라는 설교를 자주 들었습니다. 신학교에 들어가기 전까지 은혜가 무엇인지 잘 몰랐습니다.

김 목사 기독교는 은혜의 종교인데 율법주의, 도덕주의 그리고 기복주의 설교를 들은 성도들은 정작 은혜가 무엇인지를 잘 모른다네. 이런 설교를 하는 목회자들은 은혜만 강조하면 행함이 없는 기독교인들을 만든다고 생각한다네. 입으로만 예수님을 믿는 그리스도인들을 만든다는 것이네.
박 목사는 이 말을 어떻게 생각하는가?

박 목사 은혜를 강조할 때 그럴 가능성은 충분히 있다고 생각합니다. "하나님께서 다 하셨습니다. 예수님이 십자가에서 우리의 구원을 위해서 필요한 모든 것을 하셨습니다"라고 하면, 어떤 성도들은

---

3   싱클레어 퍼거슨, 『복음대로 삶』, 구지원 옮김 (생명의말씀사, 2023), 22.

"이제 우리는 할 일이 없네"라고 하며 세상의 재미와 즐거움을 추구하며 세상 사람들처럼 살 가능성이 있다고 생각합니다.

김 목사 그것은 은혜에 대한 오해로 인한 것이네. 성경은 인간을 전적으로 타락한 자로 보며, 하나님의 선한 뜻을 행할 가능성이 없는 자로 규정하고 있네.
그렇다면 도덕 설교와 율법 설교를 듣는다고 해서 무엇이 달라지겠는가?

박 목사 달라질 것이 없습니다. 저 자신을 봐도 확실한 것 같습니다.

김 목사 사람을 바꾸는 것은 오직 은혜라네. 이 은혜를 제대로 깨닫기만 하면 이런 질문들을 스스로에게 던지지 않을 수 없네.
"왜 하나님은 이런 은혜를 내게 주셨을까?"
"왜 하나님은 나에게 구원을 선물로 주셨을까?"
이 질문들에 대한 답은 사랑이네. 하나님의 사랑이 이런 은혜를 가능하게 했다는 것을 깨달을 때 비로소 사람은 하나님께 귀를 열게 된다네.

박 목사 백 퍼센트 동의합니다. 하나님의 사랑을 알게 되면 하나님의 말씀을 잘 듣게 됩니다. 그리고 자발적으로 순종할 것입니다.

김 목사 그렇네. 복음 설교를 듣게 되면 자신이 아닌 하나님께 소망을 두게 된다네.

> 성경 전체에 내포되어 있는 하나님의 구원의 메시지를 전하는 설교는 하나님의 백성을 자아에서 돌이켜 현재의 치유와 영원한 소망을 공급해 주시는 하나님을 향하게 한다. 이것이 그리스도 중심 설교의 핵심이다.
> 설교가 끝났을 때 신자들이 자신의 안전을 위해 자신을 바라보는가, 하나님을 바라보는가?
> 설교가 유익하고 성경적이었다면, 그들은 자신이 하나님을 바라보아야 한다는 것을 알게 될 것이다.[4]

박 목사 목사님 말씀대로 복음 설교가 생각보다 어려운 것 같습니다.
소망을 주는 복음 설교를 할 수 있는 방법은 무엇입니까?

김 목사 복음으로 설교해야 한다는 것을 머리로는 알지만, 막상 설교할 때는 이 반대로 할 가능성이 있네. 그래서 복음 설교를 할 수 있는 한 가지 방법은 책상에 "복음 설교를 하라"라는 메모를 붙여 놓는 것이네. 내 책상 옆의 벽에는 "우리는 할 수 없지만 예수님 안에서는 가능하다"라는 메모가 붙어 있네. 설교 준비를 다 하고 나면 이 메모를 보면서 다시 설교 원고를 정리한다네.

---

4 브라이언 채플, 『그리스도 중심의 설교』, 엄성옥 옮김 (은성, 2016), 481.

박 목사 잊지 않고 지속적으로 실천할 수 있는 좋은 방법인 것 같습니다.

오늘 숙제는 무엇입니까?

김 목사 오늘 박 목사에게 줄 숙제는 소망을 주는 설교를 하는 것이네. 설교 준비를 마친 후 설교 원고를 보며 소망을 주는 설교인지 꼭 점검하게.

설교 표절은 안 된다

박 목사 언젠가 유튜브에서 설교 표절에 관한 영상을 보았습니다. 이 영상에서 한 목회자는 자신이 설교를 표절한 이유가 성도들에게 좋은 말씀을 전하기 위해서라고 했습니다. 이 목회자는 설교할 때 표절은 문제가 안 된다고 했습니다.

목사님, 설교 표절은 해도 되는 것입니까?

김 목사 이 질문에 답하기 전에 먼저 박 목사에게 묻고 싶네. 박 목사는 지금까지 다른 목회자의 설교를 베낀 적이 없는가?

박 목사 부끄럽지만 그런 적이 있습니다. 부목사 때 설교 준비할 틈이 없어서 다른 목회자의 설교를 베껴 설교한 적이 여러 번 있습니다.

김 목사 나도 과거에 다른 목회자의 설교를 베낀 적이 있네. 처음부터 설교를 잘하는 사람이 어디 있겠는가. 다른 목회자의 설교를 베낀 경험은 많은 목회자에게 있을 것이라 생각하네.

만약 계속 베껴서 설교한다면 그것은 문제라고 할 수 있네.

박 목사는 설교 표절의 문제가 무엇이라고 생각하는가?

<mark>박 목사</mark> 다른 목회자가 힘들여 준비한 설교를 마치 자신이 준비한 것처럼 설교하는 것입니다. 성도들을 속이는 것이라고 생각합니다.

<mark>김 목사</mark> 설교 표절은 거짓된 행동이며 도둑질이네. 하나님께서 출애굽기 20장 15절에서 "도둑질하지 말라"라고 말씀하시지 않았는가. 만약 베끼는 것을 도둑질이라고 생각하지 않는다면 설교 잘하는 방법의 하나로 생각할 가능성이 있네.

<mark>박 목사</mark> 설교 표절은 정확히 무엇입니까?

설교 표절의 정확한 의미를 알면 설교 표절의 유혹에 넘어가지 않을 것 같습니다.

<mark>김 목사</mark> 설교 표절은 다른 설교의 핵심 메시지와 단어, 문장을 그대로 사용하는 것이네. 다른 사람의 것을 사용하면서 출처를 밝히지 않을 때 표절이 되네. 이 표절은 죄를 짓는 행위임을 기억하게.

> 표절은 다른 사람의 자료를 도용하는 것이다. 학문 분야에서 글을 인쇄할 때 어떤 생각이든 다른 사람에게서 취한 것은 각주에서 출처를 밝혀야 한다. 설교 분야에서 출처를 밝히지 않은 채로 다른 설교자의 설교를 글자 그대로 취하는 것은 표절의 죄에 해당된다.[1]

---

[1] 스콧 M. 깁슨, 『설교 표절로부터의 해방』, 김귀탁 옮김 (새물결플러스, 2018), 77-78.

박 목사 표절이 죄라고 하면, 설교 표절로 고소당할 수도 있겠네요. 그럼 어떤 처벌을 받습니까?

김 목사 설교 표절을 하면 벌금형까지 처벌을 받을 수 있다네. 물론, 처벌은 누군가의 고소가 있어야 가능하네.
우리나라에서 설교 표절을 이유로 목사를 세상 법정에 고소할 사람이 있겠는가?
문제는 법의 처벌이 아니라 성도들에게 배신감과 실망감을 준다는 것이네.
남의 설교를 마치 본인이 준비한 설교처럼 하는 것을 교인들이 알았을 때 교인들이 목사의 설교를 듣고 계속 은혜를 받을 수 있겠는가?

> 만약 설교를 표절했을 경우 법적으로 어떤 제재를 받게 될까?
> 그런 경우 출처 명시 위반죄로 500만 원 이하의 벌금형에 처해진다. 그것도 저작권자 등의 고소가 있어야만 가능하다(저작권법 제140조).[2]

박 목사 성도들의 실망이 클 것 같습니다.
그렇다면 설교 표절을 하지 않으려면 어떻게 해야 합니까?

---

2 강문대, 『교회, 가이사의 법정에 서다』(뉴스앤조이, 2013), 159.

김 목사 제일 중요한 것은 설교하기 전에 다른 목회자의 설교 영상이나 설교문을 보지 않는 것이라네. 나는 오래전에 설교 본문을 결정한 후에 똑같은 본문의 설교를 책이나 인터넷에서 찾아보곤 했네. 다른 목회자의 설교에서 좋은 것을 가져오고 싶어서 그렇게 했다네. 이것은 설교 표절로 가는 길이네. 설교 준비하기 전에 절대로 다른 목회자의 설교를 보면 안 되네.

> 설교를 듣는 사람은 설교자가 마땅히 해야 할 사역을 수행하고 있다고 생각한다. 설교자는 자신과 교인들 사이에 비록 문서화된 것은 아니지만 일종의 계약 내지는 언약을 맺고 있다.[3]

박 목사 저도 이전에 그렇게 한 적이 있습니다. 설교 준비하기 전에 유명 목회자의 설교를 보다가 그 설교의 좋은 것들을 그대로 사용하곤 했습니다. 앞으로는 설교하기 전에 다른 사람의 설교를 보지 않도록 하겠습니다.

김 목사 설교문을 작성한 후에라도 다른 목회자의 설교문을 보지 말게. 왜냐하면, 자신의 설교가 초라해 보일 수 있기 때문일세. 자신의 설교가 마음에 들지 않을 때 다른 목회자의 설교를 그대로 사용하고 싶은 유혹을 받게 된다네.

---

3   스콧 M. 깁슨, 『설교 표절로부터의 해방』, 82.

박 목사 다른 목회자의 설교를 보지 않는 것 외에 또 다른 방법은 무엇입니까?

김 목사 본문을 정했다면 본문과 씨름을 해야 하네. 자신이 할 수 있는 데까지 설교 준비를 하면 된다네. 자신의 수준보다 설교를 더 잘하려고 하지 말라는 말이네. 자신의 능력으로 준비한 설교로도 충분히 은혜를 끼칠 수 있네. 자신의 설교를 너무 과소평가하지 말게.

박 목사 목사님, 그럼 책이나 인터넷에서 가져온 자료를 인용할 때 어떻게 해야 합니까?

김 목사 설교 중에 예화나 자료를 언급할 때 꼭 출처를 밝히게. 책 제목과 인터넷 주소 등을 밝히면 되네. 물론, 어떤 자료는 출처를 밝히지 않아도 되네. 예를 들면, 옛날이야기 같은 것들일세. 나는 설교할 때 책에서 읽은 내용이라면 책 제목을 꼭 밝힌다네.

박 목사 앞으로 출처를 밝히도록 하겠습니다.

김 목사 오늘 숙제는 다른 사람의 설교문을 전혀 보지 않고 본인의 힘으로 설교문을 작성하는 것이네.

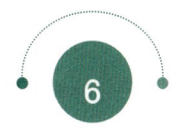

새벽기도회 설교에
'너무' 부담을 갖지 말라

 새벽기도회 설교에 대해 여쭙고 싶습니다. 저는 새벽기도회 설교 준비를 매일 세 시간씩 합니다. 설교는 20분 정도 합니다. 주일 오전, 오후 예배 그리고 수요기도회 설교 준비를 하면서 동시에 새벽기도회 설교 준비를 매일 세 시간씩 합니다. 새벽기도회 설교가 부담이 많이 됩니다.

새벽기도회 설교의 부담을 줄일 수 있는 방법이 있을까요?

 박 목사의 일상이 어떨지 상상이 가네. 나도 같은 경험을 해 보았기 때문에 박 목사의 심정을 이해할 수 있네. 새벽기도회 설교 부담을 줄이는 방법 중 하나는 설교 본문의 길이를 줄이는 것이네.

보통 새벽기도회 설교 본문의 길이는 어느 정도인가?

 대략 10절 정도를 설교합니다. 묵상책의 순서에 따라서 설교합니다. 하루 묵상 구절이 10절 정도 됩니다. 제가 담임목사로 오기 전부터 교회는 묵상책을 사용하여 새벽기도회를 하고 있었습니다. 저도 교회 전통을 따라서 묵상책의 순서에 따라 설교하고 있습니다.

김 목사 묵상책으로 설교하는 것도 좋지만, 설교할 구절이 많으면 부담이 될 수 있네. 묵상책은 교인들이 개인적으로 사용하도록 권하면 좋을 것 같네. 다른 예배의 설교처럼 새벽기도회 설교도 목회자의 계획에 따라 하는 것이 필요하네. 새벽기도회 설교도 중요하기 때문에 담임목회자는 새벽기도회 설교 계획을 세우는 것이 필요하네.

새벽기도회는 설교 본문이 짧아도 괜찮네. 설교 본문을 짧게 잡으면 설교의 부담이 줄어들 수 있네. 설교를 듣기 위해 새벽기도회에 참석하는 성도들은 많지 않네. 성도들이 새벽기도회에 참석하는 가장 큰 이유는 기도하기 위함이네. 따라서 새벽기도회 설교는 다른 예배 설교보다 짧게 하는 것이 좋네. 나는 새벽기도회 설교는 15분 정도가 좋다고 생각하네.

박 목사 설교 시간이 줄면 준비 시간도 줄어들 것 같습니다. 그렇다면 몇 절 정도를 설교하면 될까요?

김 목사 나는 새벽기도회 때 평균 3-4절을 설교한다네. 물론, 성경의 내용에 따라 그보다 조금 더 길게 할 때도 있네. 가능하면 3-4절 정도를 설교하려고 하네.

박 목사도 3-4절을 설교해 보게. 이렇게 하면 설교 준비 시간을 많이 단축할 수 있을 것일세. 내가 어떻게 하는지 말해 보겠네.

나는 설교할 본문을 먼저 읽는다네. 3-4절이기 때문에 몇 번 읽어도 시간이 별로 걸리지 않네. 읽으면서 궁금한 것이나 질문할 것이 있으면 간단하게 적는다네. 그 후에 주석을 본다네. 본문의 단어와 문장의 의미를 노트에 두서없이 적는다네. 새벽기도회 설교를 준비할 때 설교문 작성은 하지 않네. 노트에 두서없이 적는 것이 전부라네. 이렇게 하고 본문의 전체 의미를 생각한다네. 핵심 메시지, 즉 중심 사상이 무엇인지를 생각하고 간단하게 적는다네.

박 목사 저는 새벽기도회 설교를 준비할 때도 설교문을 작성하고 있습니다. 설교문만 작성하지 않아도, 설교 준비의 부담은 확실히 줄어들 것 같습니다.
이렇게 준비하고 설교하면 횡설수설하지 않을까요?

김 목사 그럴 수 있네. 횡설수설하지 않기 위해서는 핵심 메시지, 즉 중심 사상을 찾는 것이 중요하네. 강해 설교에서 중요한 것이 중심 사상을 찾는 것이 아닌가. 중심 사상을 중심으로 설교하면 횡설수설하지 않게 된다네. 예를 들어 보겠네.
"오늘 읽은 말씀은 자신을 낮추라는 말씀입니다. 본문에서 자신을 낮춘다는 것이 어떤 의미인지 자세히 살펴보겠습니다."
이렇게 한 후에 본문의 단어와 문장을 상세하게 설명하면 되네. 이때 중요한 것은 각 구절을 해석하면서 중심 사상과 계속 연결하는 것이네. 그렇지 않으면 성도들은 설교를 들은 후에 무슨 설교를 들었는지 알 수 없게 된다네. 설교의 마지막에 "오늘 말씀은 자신을 낮추라는 말씀입니다. 오늘 하루 살아가시면서 어디에서 무엇을 하시든지 자신을 낮추시고 살아가시기를 바랍니다"라고 하면서 중심 사상으로 마무리하면 되네. 설교가 길지 않아도 중심 사상이 분명히 드러나면 청중은 새벽 설교를 통해 하나님께서 주시는 메시지를 붙잡고 하루를 살아갈 것일세.

박 목사 목사님처럼 할 수 있다면 새벽 설교가 그리 부담스럽지 않을 것 같습니다. 저도 그렇게 하는 것이 가능할지 모르겠습니다. 설교문 없이 설교한 적이 없기 때문입니다.

김 목사 설교 준비가 부실한 것 같다는 생각이 들 수 있을 듯하네. 내가 하는 방법을 조금 더 설명하는 것이 박 목사의 불안을 덜 수 있을 것 같아서 소개하네.

나는 새벽기도회 설교를 하기 전에 기도하면서 본문 전체를 다시 한번 생각한다네. 하나님께 본문 전체를 분명하게 깨닫게 해 달라는 기도를 한다네. 전날 파악한 중심 사상을 중심으로 본문을 다시 정리하는 시간을 가지는 것이네. 설교하기 전에 이렇게 하는 것이 도움이 많이 된다네. 기도로 하나님의 도우심을 구하고 설교하면 횡설수설하지는 않을 것이네.

설교는 반드시 원고를 작성해야 하는 것은 아니네. 심방 설교를 할 때도 설교 원고가 없지 않은가. 설교 원고를 작성하지 않고 설교할 때 장점도 있네.

그게 뭔지 아는가?

박 목사 설교 원고를 작성하지 않고 설교할 때의 장점을 생각해 본 적이 없습니다.

그것이 무엇입니까?

김 목사 설교 원고 없이 설교하면 설교하는 도중에 깨닫는 것을 설교하면서 전할 수 있다네. 설교를 준비할 때 전혀 생각하지 못했던 것이 설교하는 도중에 생각나기도 한다네. 즉, 본문과 관련된 아이디어가 떠오르는 것이네. 설교 중에 떠오른 좋은 생각 덕분에 준비한 것보다 더 좋은 설교를 하게 되기도 한다네.

설교 준비할 때 얻지 못한 것을 설교하면서 얻기 때문에 새벽기도회 설교가 그리 힘들지는 않네. 매일은 아니지만 나는 새벽기도회 설교를 즐겁게 한다네.

박 목사 저도 목사님처럼 새벽기도회 설교를 즐겁게 하면 좋겠습니다.

다른 예배의 설교에서는 줄 수 없는, 새벽기도회 설교를 통해서만 성도들에게 줄 수 있는 유익은 뭐가 있을까요?

김 목사 새벽기도회 설교를 통해서 성도들에게 줄 수 있는 최고의 유익은 성경 전체를 배울 기회를 준다는 것이네. 한 교회에서 20년을 목회한다고 생각해 보게. 20년 동안 성경 전체를 설교할 수 있다네. 나는 현재 이 목표를 가지고 새벽기도회 설교를 하고 있네. 이 목표를 세우고 설교하니 새벽기도회 설교가 더욱 의미 있게 느껴지고 있다네.

박 목사 한 교회에서 목회하는 동안 성경 전체를 설교하는 것은 쉬운 일이 아닌 것 같습니다. 성경 전체를 설교하는 것을 목표로 하여 매일 설교하면 목회자에게도 큰 유익이 될 것 같습니다.

김 목사 성경을 연구하고 설교할 때 유익을 많이 얻는 자는 목회자 자신이네. 영적인 영양을 목회자가 먼저 공급받기 때문이네. 예수님이 "사람이 떡으로만 살 것이 아니요 하나님의 입으로부터 나오는 모든 말씀으로 살 것이라"(마 4:4)라고 하시지 않았는가. 이 말씀을 생각하면 목회자가 새벽기도회를 통하여 가장 큰 유익을 얻게 된다고 할 수 있네. 물론, 성도들도 유익을 얻는다네.

새벽기도회 설교를 통해 성경 전체를 설교하기로 계획했다면 설교를 꼭 녹음하도록 하게. 설교문이 없기 때문에 녹음을 해서 기록으로 남겨야 하네.

녹음한 후에 정리를 잘해 두면 성경 전체를 설교하는 데 어느 정도의 시간이 걸릴지 예측할 수 있네. 나는 골로새서(4장)를 설교하는 데 28일이 걸렸고 데살로니가전서(5장)를 설교하는 데 22일이 걸렸네. 기록하지 않으면 전체를 설교하는 데 얼마의 시간이 걸릴지 알 수 없다네. 목표 달성도 쉽지 않을 것일세.

박 목사 저는 설교할 때 녹음을 따로 하지 않고 있습니다. 앞으로 녹음을 해야겠습니다. 성경 전체를 설교한다면 목회에 큰 보람이 있을 것 같습니다. 성경 전체를 설교한 녹음 파일을 갖고 있다면 그것 자체만으로도 좋은 유산이 될 수 있을 것 같습니다.

김 목사 꼭 해 보게. 마지막으로 이렇게 녹음한 파일을 저장해 놓기만 하기보다는 새벽기도회에 참석하지 못한 성도들도 들을 수 있도록 하게.

새벽기도회 단체 카톡방 같은 것을 만들면 된다네. 매일 새벽기도 후에 박 목사가 녹음한 설교를 올리면 성도들이 매일 들을 수 있을 것일세.

우리 교회는 오래전부터 새벽기도회 설교 카톡방을 만들어서 새벽기도회에 참석하지 못한 성도들도 듣도록 하고 있네. 어떤 성도는 출근할 때 차에서 듣고, 어떤 성도는 집에서 듣기도 한다네. 이스라엘 백성이 광야에서 매일 만나를 먹고 살았듯이, 아침마다 생명의 만나를 먹고 하루를 시작하도록 하고 있네. 설교가 15분 정도이기에 아침에 듣기에 부담스럽지 않다네.

새벽기도회 설교 카톡방을 만들 때 주의해야 할 것이 하나 있네. 교인 전부를 초대하면 안 되네. 원하는 교인들만 초대해야 하네. 아침에 설교 듣는 것을 원하지 않는 교인들도 있기 때문이네.

> 아침에 말씀으로 힘을 얻지 못한 사람은 저녁이 되면 지친 몸과 마음을 이끌고 집으로 돌아오게 되고, 생명의 양식에 대한 식욕도 거의 사라져서 결국은 말씀을 보지 못한다. 이런 사람들은 결국 세상적인 생각이 마음의 중심에 자리 잡게 된다. 세상을 이길 무기를 지니지 못했기 때문이다.[1]

---

1 앤드류 머레이, 『왜 믿지 못하는가』, 박일귀 옮김 (패밀리북클럽, 2016), 146.

박 목사 목사님을 통하여 새벽 설교가 목회에 상당한 의미가 있을 수 있겠다는 생각이 들었습니다. 오늘 배운 것을 새벽기도회 설교에 잘 적용해 보도록 하겠습니다.

오늘 숙제는 무엇입니까?

김 목사 오늘 숙제는 새벽 설교를 설교문 없이 중심 사상을 중심으로 설교해 보는 것이네.

설교의 길이가
'좋은 설교'의 기준은 아니다

박 목사 설교의 길이에 대해 여쭙고 싶습니다. 저는 담임목회를 시작한 이후 주일 오전 예배에서 40분 정도 설교하고 있습니다.
설교의 적정 길이는 어느 정도일까요?

김 목사 설교의 길이는 설교의 내용, 전달 방법 그리고 청중의 수준에 따라 달라질 수 있네. 즉, 설교자와 청중에 따라 길어질 수도, 짧아질 수도 있지. 그래서 박 목사의 설교 길이에 대해 내가 함부로 판단하기는 어렵네.

> 무엇이 설교의 길이를 결정짓습니까?
> 첫째로 설교자 자신입니다. 시간은 매우 상대적인 것입니다. 그렇지 않습니까. 어떤 이의 설교는 10분을 들었는데 한 시간 같고, 어떤 이의 것은 한 시간이 불과 몇 분밖에 안 되는 것 같습니다. 그것은 단순히 나 개인의 의견이 아니라 회중이 말하는 바입니다. 사람에 따라서 달라서 모든 설교자에게 하나의 철칙을 설정하는 것은 우스운 일입니다.[1]

---

1 마틴 로이드 존스, 『목사와 설교』, 서문강 옮김 (CLC, 2020), 315-316.

박 목사 목사님은 보통 몇 분 정도 설교하십니까?
최근에 들은 목사님의 설교는 30분 정도였던 것 같습니다.

김 목사 담임목사가 된 이후로는 주로 45분 정도 설교했었네. 미국에서 공부하고 목회할 때 미국의 유명 목회자들의 설교를 많이 들었다네. 이들의 설교는 대부분 40분을 넘었네. 그래서 설교는 40분이 넘어야 한다고 생각했었네. 지금은 그렇게 생각하고 있지 않네.

> 목회자들의 주일 대예배 설교 시간은 20분 이상-30분 미만(50.23퍼센트)이 가장 많았다. 다음이 30분 이상-40분 미만(38.46퍼센트), 40분 이상-50분 미만(7.69퍼센트) 순이었다.
> 그런데 평신도들이 적당하다고 여기는 설교 시간은 30분 이상-40분 미만(40.56퍼센트)이 가장 많았고, 그다음이 20분 이상-30분 미만(32.78퍼센트), 50분 이상-1시간 미만(12.22퍼센트) 순이었다.[2]

박 목사 제가 40분 정도 설교하는 이유도 목사님이 생각하셨던 것과 비슷합니다. 40분 정도 설교할 때 열심히 설교하는 목사로 보일 것 같기 때문입니다. 저처럼 설교를 오래 하는 것을 좋게 생각하는 목회자가 많은 것 같습니다.
목사님은 왜 설교의 길이를 줄이셨습니까?

---

2 "설교, 어떻게 생각하십니까?", 「목회와 신학」, 2013년 1월 호, 69.

김 목사 어느 날 동기 목사가 내 설교를 듣고 난 후에 "설교를 조금 더 짧게 해도 될 것 같다"라고 말했다네. 이 말은 설교에 불필요한 부분이 있다는 의미였네.

처음에는 동의가 되지 않았지만 나중에 그 말이 맞을 수도 있겠다는 생각이 들었네. 그래서 이전에 했던 설교 원고들을 다시 들여다보았네. 불필요한 부분이 보이기 시작했네.

박 목사 목사님의 말씀을 듣고 나니 제 설교도 다시 살펴봐야겠다는 생각이 듭니다.

목사님의 설교에 불필요한 부분이 보였다면 제 설교는 오죽하겠습니까?

그 후에 곧바로 15분 정도를 줄이신 것입니까?

김 목사 그렇지는 않네. 불필요한 부분을 제거하고 나니 설교 시간이 40분 안쪽으로 줄었네. 그 이후로 한동안 설교 시간이 40분을 넘지 않았다네.

박 목사 목사님은 어떻게 불필요한 부분을 덜어 내셨습니까? 그 방법이 궁금합니다.

김 목사 좋은 질문이네. 먼저 설교 원고의 양을 줄였네. 45분 설교를 할 때는 A4 용지 열 장으로 원고를 작성했었네. 한 장을 줄여 보았네. 열 장을 아홉 장으로 줄였네. 설교 준비를 할 때 원고를 열 장으로 작성한 후, 완성된 원고에서 한 장을 줄였네. 줄여야겠다고 마음먹으니 불필요한 것들이 보였네. 그래서 과감히 덜어 냈다네.

박 목사 어떤 계기로 설교 시간을 더 줄이신 것입니까?
30분 후반에서 30분 정도로 줄이는 것도 쉽지 않을 것 같습니다.

김 목사 열 장에서 아홉 장으로 줄였더니, 더 줄여도 되겠다는 생각이 들었네. 아홉 장을 다시 여덟 장으로 줄였네. 설교 시간이 자연스럽게 더 줄었다네. 설교 시간이 35분 정도가 되었네. 45분대의 설교를 35분대의 설교로 줄였으니, 많이 줄였다고 할 수 있네. 그 이후로 계속 35분 정도 설교했네. 35분이면 괜찮다고 생각했지.
이렇게 하고 있던 어느 날 『빼기의 기술』이라는 책을 읽었어. 이 책이 설교 시간을 더 줄이도록 자극했네.

박 목사 45분의 설교를 35분으로 줄인 것도 놀라운 일인데, 여기서 더 줄이는 것이 가능한가요?
설교 시간을 더 줄이는 것이 쉽지 않을 것 같습니다.
『빼기의 기술』은 어떤 책입니까?

김 목사 그 책에서 저자는 인생에서 더하기보다 빼기가 더 중요하다고 주장하고 있네. 많은 사람이 인생에서 더하기를 잘해야 잘 사는 것으로 생각하지만, 오히려 반대라는 것이 그 책의 주장이네.

책을 다 읽고 나서 나도 인생에서 뭘 빼야 할까를 고민했네. 설교가 떠올랐네. 설교의 길이를 더 줄일 수 있겠다고 생각하면서 더 줄이기를 시도했네. 설교 원고를 여덟 장에서 일곱 장으로 줄였네.

이렇게 한 후에 설교 시간이 30분 초반대로 떨어졌네. 불필요한 부분을 덜어 내니 자연스럽게 시간이 줄어들었네.

설교 원고는 일곱 장이지만 종종 설교가 30분 중반대를 넘기도 한다네. 이런 날은 원고에 없는 말을 많이 하기 때문이네. 설교 원고를 보지 않고 설교하기 때문에 일어나는 현상이네. 이런 일을 겪고 난 후에는 일곱 장의 원고를 작성하지만 설교할 때는 설교 원고를 여섯 장 정도로 줄인다고 생각하고 설교한다네. 이렇게 하니 설교 시간이 30분 초반대로 다시 떨어졌다네.

> 레오나르도 다빈치가 "완벽한 상태는 더는 아무것도 뺄 게 없는 상태"라고 정의를 내린 지 500년이나 지났다. 14세기의 신학자 윌리엄 오컴이 "적게 들이고도 얼마든지 할 수 있는 일을 많은 것을 들여서 하는 것은 쓸데없는 짓이다"라고 지적한 지는 700년이나 되었고, 노자가 "지식을 얻으려면 날마다 하나씩 보태고, 지혜를 얻으려면 날마다 하나씩 빼라"라고 가르친 지도 무려 5,000년이 넘었다.[3]

박 목사 30-32분 설교를 하시면서 시간이 부족하다고 느껴본 적이 없으십니까?

---

3 라이디 클로츠, 『빼기의 기술』, 이경식 옮김 (청림출판, 2023), 프롤로그: 변화를 만드는 또 다른 관점, 전자책.

김 목사 설교의 길이를 줄이면서 성도들에게 꼭 필요한 부분을 전달할 수 있어서 오히려 더 좋았네. 이렇게 줄이면 설교자에게도 좋네. 설교를 오래 하면 아무래도 더 힘들지 않겠나. 설교에 아무리 좋은 내용을 많이 담아도 성도들이 모두 소화하지 못하네. 많은 내용보다 핵심을 전달하는 것이 필요하네. 중심 사상을 중심으로 필요한 것만 전한다면 설교에는 부족함이 없네.

박 목사도 한번 해 보게. 많이 줄이지 말고 원고를 한 장 줄이는 시도부터 해 보게. 오늘 숙제가 바로 그것이네.

박 목사 저도 한번 시도해 보겠습니다. 오늘도 감사합니다.

설교 후, 성도들에게 결단할 기회를 주라

박 목사 저는 주일 설교를 마친 후 설교를 어떻게 마무리하면 좋을지 잘 모르겠습니다. 현재는 설교한 후에 제가 기도하고 마무리하고 있습니다. 그런데 뭔가 부족한 것 같은 생각이 듭니다.

설교 후에 어떻게 하면 좋을까요?

목사님은 어떻게 하십니까?

김 목사 오래전에는 설교 후에 찬양을 했었네. 목회를 잘하는 분들이 이렇게 하는 것을 보고 따라 해 보았네. 몇 개월 하다가 그만두었네. 찬양곡을 선택하는 것도 어려웠고 설교 후에 찬양을 인도하는 것도 생각보다 힘들었기 때문이네.

박 목사 저도 설교 후에 찬양을 해 볼까 하는 생각을 했었습니다. 그러나 자신이 없어서 못하고 있습니다. 설교 후에 찬양을 통해서 청중에게 은혜를 끼치는 목회자들이 그저 부러울 뿐입니다.

김 목사 나도 비슷한 생각을 한 적이 있네. 다른 목회자들이 잘하는 것을 부러워하면서 상대적으로 나 자신이 능력 없다고 생각할 때가 있었다네. 남과 비교해 봐야 목회에 도움이 안 된다는 것을 깨닫고는 다른 목회자를 일방적으로 모방해서 하지는 않고 있네.

지금은 설교 후에 2-3분간 성도들과 함께 결단하면서 통성으로 기도하고 있네.

박 목사 설교 후 통성기도를 하시는 이유가 있습니까?

김 목사 설교를 들은 청중에게 스스로 결단할 수 있는 기회를 주기 위함일세. 설교자가 설교한 후 기도로 끝낸다면 이런 기회를 주지 못하기 때문이네. 들은 말씀을 다시 생각하고 그 말씀을 따라서 살겠다는 결단의 기도를 하는 것이 성도들에게 필요하다고 생각했네.

박 목사 결단하게 할 때 어떻게 하십니까?

김 목사 설교자는 설교한 것을 다시 한번 정리하는 것이 필요하네. 성도들이 결단하기 위해서는 말씀의 핵심을 붙잡고 있어야 하기 때문이네.

예를 들어 보겠네. 오래전에 〈그리스도인은 누구를 위해 사는가?〉라는 제목으로 고린도후서 5장 15절을 가지고 설교한 적이 있네. 이 말씀의 요지는 예수님이 십자가에서 죽으심은 우리 죄를 용서하기 위함이라는 것과 이 용서를 받은 사람은 예수님을 위해서 살아야 한다는 것이었네. 설교의 마지막 부분에서 이 요지를 다시 한번 정리해 주었네. 이렇게 한 후에 청중에게 말했네.

"다 같이 기도하겠습니다. 지금 자신에게 조용히 물어보세요. '나는 주님 덕분에 용서받은 자인가' 하고요. 여러분이 예수님 덕분에 용서받았다면 자기를 위해 살지 말고, 주님을 위해 살아야 합니다. 지난 주간 주님을 위해 사셨는지 묻고 싶습니다. 혹시 그렇지 못했다면 이번 주에는 주님을 위해 살겠다고 결단하며 함께 통성으로 기도하겠습니다."

이렇게 2-3분 정도 기도한다네. 때에 따라 시간을 조금 더 주기도 하고 덜 주기도 한다네.

박 목사 같이 기도하고 난 뒤에 어떻게 하십니까?

김 목사 내가 마무리 기도를 하네. 설교를 다시 한번 정리해 주면서 성도들이 한 주간 주님을 위해 살도록 간절히 구한다네. 이때 중요한 것은 청중이 설교의 핵심 메시지를 기억하도록 중심 사상을 다시 언급하는 것이네. 목회자가 오랫동안 준비한 설교를 청중의 마음에 각인시키는 것이 필요하기 때문이네.

일단 결론을 내렸다면, 청중이 그 메시지에 반응하도록 어떻게 도울 수 있을까?
많은 교회에서 설교 직후에 결단의 찬송을 부른다. 그 시간에 청중은 자신의 의자에 앉아 기도할 수 있다. 기도 시간을 제공하는 것도 한 방법이다. 설교

> 자체에 대해, 그 설교의 주제와 목적에 대해 청중과 함께 기도할 수 있다. 그 방식이 어떠하든 설교의 목표는, 설교 내용이 청중에게 적용되고 그들에게 깊은 인상을 남기는 것이다.[1]

박 목사 설교가 청중의 삶에 영향을 주려면 설교 후에 결단하도록 돕는 것이 필요한 것 같습니다.

오늘 숙제는 무엇입니까?

김 목사 주일 설교 후에 성도들에게 핵심 메시지를 다시 전달하며 결단의 기도를 하는 시간을 한번 가져 보게나.

---

1 스콧 M. 깁슨, 『목회자가 꼭 알아야 할 설교 포인트 55』, 김태곤 옮김 (아가페출판사, 2022), 42-44.

자신의 설교가 부족해도 만족할 수 있어야 한다

박 목사 저는 설교하고 나면 늘 아쉽습니다. 저 자신이 설교자로서 많이 부족하다는 것을 느낍니다. 이런 생각을 하게 되면 설교에 대한 자신감이 사라집니다.
 어떻게 하면 좋을까요?

김 목사 설교 후 자신의 설교가 완벽했다고 생각하는 목회자는 많지 않네. 다들 자신의 설교가 부족하다고 느낀다네. 그럴지라도 설교자로서의 사명을 감당하고 있네.
 설교를 계속해 나가는 데 필요한 것이 있네. 그것은 자신의 설교에 만족하는 것이네.

박 목사 저 자신이 설교를 못한다고 생각하는데 어떻게 설교에 만족할 수 있습니까?

김 목사 만약 자신의 설교에 만족하지 못하면, 설교를 그만두고 싶다는 생각이 계속 들게 될 것이네. 박 목사는 아직 괜찮지만, 시간이 흐를수록 설교가 점점 더 부담스러워지고, 결국 목회를 그만두게 될 수도 있네. 나는 그런 목회자들을 본 적이 있네.

<mark>박 목사</mark> 저는 그렇게 되고 싶지 않습니다. 오랫동안 목회하는 목사가 되고 싶습니다. 앞으로도 제 설교에 만족할 수 있을지는 모르겠습니다.
설교에 만족한다는 것은 어떤 의미입니까?

<mark>김 목사</mark> 설교에 만족한다는 것은 자신의 설교가 완벽하다는 뜻은 아니라네. 모든 설교는 다 부족함을 갖고 있네. 설교에 만족할 수 있는 이유는 자기 나름대로 열심히 준비했고, 준비한 것을 잘 전달했다고 생각하기 때문이네. 자신의 역할을 감당했다고 생각하는 것이 만족의 이유가 되는 것이네.

<mark>박 목사</mark> 목사님의 말씀이 위로가 됩니다. 자신이 할 수 있는 준비를 했고 준비한 것을 잘 전달했으면 만족할 수 있다는 말씀이 힘이 됩니다.

<mark>김 목사</mark> 설교는 하나님의 말씀을 사람들에게 전하는 것이 아닌가. 설교는 말로 전하는 것이라서 사람마다 차이가 생길 수밖에 없네. 다른 사람이 설교하는 것을 기준으로 자신을 판단하면 안 되네. 불만족하는 이유 중 하나는 설교 잘하는 다른 목회자들과 자신을 비교하기 때문일 것일세.

박 목사 그렇습니다. 제 동기 중에도 설교 잘하는 목회자가 있습니다. 그 동기를 보면 제 설교가 너무 형편없다는 생각이 듭니다. 이럴 때는 제 자신이 초라하게 느껴집니다.

김 목사 다른 사람의 설교를 되도록 많이 보지 말라고 한 것을 기억하는가?

우리가 다른 목회자의 설교를 들을 때 설교를 못하는 목회자의 설교를 듣지는 않네. 많은 사람이 설교 잘한다고 인정하는 설교자의 설교를 듣는다네.

설교 잘하는 목회자들의 설교를 박 목사가 계속 듣는다면 박 목사의 설교에 만족할 수 있겠나?

불가능할 것일세. 유명한 설교자들의 설교는 배우기 위해 가끔 듣는 것은 괜찮지만 자주 듣는 것은 오히려 자신을 위축시킬 수 있네. 다른 목회자의 설교를 간혹 듣고 자신의 설교에 집중하는 것이 좋네. 자신의 장점을 계발하는 데 집중하는 것이 필요하네.

> 만족을 느끼며 즐겁게 살아가는 사람들을 보면 완벽하게 모든 것을 갖춘 사람이 아니다. 그들은 가질 수 없는 것, 자기 것으로 만들 수 없는 것 때문에 조바심 내지 않는다.[1]

박 목사 그렇게 하겠습니다.

---

[1] 무천강, 『하버드 100년 전통 인생 수업』, 하정희 옮김 (리드리드출판, 2023), 제9장: 건강은 가장 큰 당신의 자산이다, 전자책.

목사님, 우리나라의 설교자들은 자신의 설교에 얼마나 만족하고 있을까요?

김 목사 내가 자료를 찾아보았네. 우리나라 목회자들은 자신의 설교에 대한 만족도가 높다는 것을 자료를 통해 알 수 있었네.

「목회와 신학」 2013년 1월 호에 한국의 목회자 221명을 대상으로 설교에 관한 설문 조사를 한 내용이 있네. "본인의 설교에 대해서 스스로 어떻게 평가하십니까?"라는 질문에 자신의 설교에 만족한다는 목회자는 60.18퍼센트였고, 매우 만족한다는 목회자는 2.28퍼센트였네. 우리나라 목회자의 열 명 중 여섯 명 정도가 자신의 설교에 만족하고 있다는 것이네.[2]

박 목사 제 생각보다 자신의 설교에 만족하는 목회자가 많은 것 같습니다.

그럼 저처럼 불만족인 사람들은 얼마나 됩니까?

김 목사 자신의 설교에 불만족한다고 한 목회자는 9.5퍼센트였고, 그저 그렇다는 목회자가 25.79퍼센트였네. 우리나라 목회자 100명 중 열 명 정도가 만족하지 못하는 셈이네.[3]

---

2 "설교, 어떻게 생각하십니까?", 「목회와 신학」, 2013년 1월 호, 70.
3 "설교, 어떻게 생각하십니까?", 70.

박 목사 그럼 만족하지 못하는 목회자들은 무엇이 부족하다고 이야기합니까?

김 목사 자신의 설교 준비가 부족하다는 대답이 29.41퍼센트였고, 설교의 현실적 적용이 부족하다는 대답이 28.05퍼센트였네. 그리고 전달 능력이 부족하다는 대답이 17.20퍼센트였고, 예화 사용이 부족하다는 대답이 16.74퍼센트였네.

목회자들이 설교를 잘해야 한다는 생각 때문에 만족하지 못하는 것 같네. 사실 설교 준비나 적용, 예화 사용은 생각하기 나름이네. 늘 부족함을 느낄 수 있다는 말이네.[4]

박 목사 제 생각을 바꾸어야 할 것 같습니다. 못한다는 관점으로 제 설교를 판단하는 것은 지양해야겠습니다.

어떻게 해야 만족할 수 있을까요?

김 목사 첫 번째 방법은 설교 준비를 열심히 하고 나머지는 하나님께 맡기는 것이네. 설교는 영적인 일일세. 하나님의 도움이 없으면 아무런 일도 일어나지 않네. 설교자의 능력이 설교 사역을 성공하게 만드는 것은 아닐세.

두 번째 방법은 하나님의 부르심을 기억하는 것이네. 하나님은 박 목사가 완벽한 설교자라서 부르신 것이 아니네. 부족한 점이 많지만

---

4 "설교, 어떻게 생각하십니까?", 71.

하나님께서 쓰시기 위해 박 목사를 부르셨다네. 지금까지 박 목사의 목회를 돌아보면 공감할 수 있을 것이네.

하나님은 목회자의 능력에 의존하여 일하는 분이 아니시네. 하나님은 약한 자를 부르시고 사용하신다네. 목회자 본인은 설교를 잘 못한다고 생각할지라도 설교를 듣고 변화되는 사람들이 있고, 은혜를 받는 사람들도 있네. 하나님의 부르심을 통하여 설교하고 있다는 것을 믿는다면 설교에 만족할 수 있네. 이 말은 대충 해도 된다는 말은 아닐세.

세 번째 방법은 계속해서 좋은 설교자가 되기 위하여 성장하는 것이네. 매일 조금씩 성장하고 있다면 만족할 수 있네.

박 목사 오늘 숙제는 무엇입니까?

김 목사 이번 주일에 설교한 후에 좋았던 것 세 가지를 적는 것이네. 박 목사의 설교에서 좋은 것을 발견한다면 본인의 설교에 만족할 수 있기 때문이네.

설교 피드백은 '종종' 필요하다

박 목사 목사님, 설교를 잘하기 위해서는 피드백을 받아야 한다는 말을 들은 적이 있습니다. 피드백을 받는 것이 두렵습니다. 설교에 대한 비판을 받는다면 설교하기 더 힘들어질 것 같기 때문입니다. 설교 피드백을 꼭 받아야 합니까?

김 목사 우리나라의 많은 목회자는 설교 후에 "은혜받았습니다"라는 말을 주로 듣기 때문에 설교 평가받는 것을 좋아하지 않는다네. 설교는 인간의 생각이나 의견이 아니라 하나님의 말씀을 전하는 것이 아닌가. 자신이 한 설교에 대하여 사람의 평가를 받는 것을 누가 좋아하겠는가.

박 목사 저도 비슷한 생각입니다. 목사는 소신 있게 설교하면 된다고 생각합니다. 사람의 평가나 판단은 그리 중요하지 않다고 생각합니다.

김 목사 우리 목사들이 생각해야 할 것이 한 가지 있네. 설교는 하나님의 말씀을 전하는 신성한 일이지만, 우리가 실수하고 잘못할 가능성이 있다는 것이네. 하나님의 말씀이 문제가 아니라 우리가 문제일 수 있다는 이야기네. 목사가 완전한 사람이 아니기 때문에 얼마든지 설교를 잘못할 수 있네. 그렇다면 설교 피드백이 필요 없다고 할 수는 없네.

박 목사 저도 이전에 성경 해석을 잘못해서 잘못 전한 적이 있습니다. 그때 얼마나 부끄러웠는지 모릅니다. 성도들께 너무 죄송했습니다. 설교 피드백이 필요하다는 것을 이제 알았습니다.

> 설교자를 양성하는 과정에서 설교 피드백은 필수 과정입니다. 피드백을 통해 자기 설교의 강점과 약점을 파악할 수 있고 강점은 더 발전시키고 약점은 개선하려는 노력을 하게 됩니다.[1]

김 목사 우리는 모두 피드백이 필요한 목회자들이네. 설교 피드백은 목사에게 도움이 많이 된다네.

미국에서 목회할 때 어느 날 남자 집사님 한 분이 나를 찾아왔다네. 그 집사님은 내가 한 주일 설교에 관하여 이야기했네. 설교 중에 "성도들은 하나님의 눈치를 봐야 합니다"라고 내가 말했는데, 그 말이 듣기에 안 좋았다고 했네. 그 집사님은 "하나님의 눈치를 본다"라는 표현보다는 "하나님을 두려워한다"라고 표현하는 것이 더 좋겠다고 제안했네. 처음에는 설교를 비판한다고 생각해서 기분이 좋지 않

---

[1] 조광현, 『질문과 함께 배우는 설교』 (복있는사람, 2022), 193.

았네. 그 집사님이 간 후에 그분의 말이 설교에 더 적합하다는 생각이 들었네.

그 후부터는 하나님의 눈치를 본다는 표현을 설교할 때 쓰지 않았네. 만약에 그 일이 없었으면 계속해서 "성도는 하나님의 눈치를 봐야 합니다"라는 표현을 사용했을 것 같네. 그분 덕분에 고칠 수 있었네.

박 목사 고마운 집사님이네요. 사람이 많은 곳에서 설교에 대하여 어떤 말을 했다면 의도가 나쁘다고 할 수 있지만, 개인적으로 찾아와서 이야기한 것이니 좋은 의도라고 느껴집니다.

김 목사 설교 피드백은 항상 유익이 된다고 할 수는 없지만, 유익을 줄 때가 많네. 나는 이런 비슷한 경험을 여러 번 했다네. 어떤 성도는 주일 오전 예배 때 들은 말씀 중에 듣기 불편한 표현이 있다고 주일 오후에 내게 장문의 문자를 했다네. 문자를 읽고 곰곰이 생각했네. 그분의 말이 일리가 있다고 생각하고 그 후부터는 그런 표현을 쓰지 않았네. 이런 피드백은 도움이 된다네.

박 목사 설교의 피드백을 받는다면 누구에게 받으면 좋을까요?

김 목사 목사에게 설교 피드백을 가장 잘해 줄 사람이 누구일 것 같은가?

바로 사모라네. 담임목사의 아내가 설교 피드백을 가장 잘해 줄 사람이네.

박 목사는 사모로부터 피드백을 받아 본 적이 있는가?

박 목사 있습니다. 아내가 한번은 주일 저녁에 오전 설교 때에 제가 한 어떤 말이 귀에 거슬렸다고 했습니다. 비전문가가 전문가를 평가한다고 생각했고, 그때 크게 화를 냈습니다. 그 후부터는 설교에 관하여 말하지 않고 있습니다.

김 목사 그렇게 하면 사모의 입을 막아 버리게 되네. 오늘 집에 가서 사모에게 설교 피드백을 정중하게 부탁하게. 사모가 신학을 하지 않았다면 평신도라고 생각하고 부탁하면 되네. 사모는 평신도 관점에서 설교를 듣고 박 목사에게 피드백을 해 줄 수 있다네. 사모의 말이 평신도를 무조건 대변한다고 할 수는 없겠지만, 평신도들의 사정을 이해하는 데 도움이 될 것이네.

나는 아내가 주일 저녁에 설교에 대하여 뭔가를 말하면 받아들이려고 한다네. 실제로 도움이 많이 되었네. 사모는 남편이 설교를 잘하기를 바라기 때문에 그런 말을 하는 것이니 달게 듣는 것이 좋네.

박 목사 질문이 하나 있습니다. 아내에게 설교 피드백을 하라고 하면 설교 비평을 할 수 있는 면허증을 주는 것 같다는 생각이 듭니다. 주일 저녁에 부부 싸움을 할 것 같습니다. 제가 속이 좁아서 그런지 모르겠지만 걱정이 좀 됩니다.

김 목사 너무 걱정하지 말게. 좋은 방법이 있네. 설교 피드백을 받다가 부부 싸움이 나면 안 될 일이네. 사모에게 피드백을 요청할 때 "오늘 설교 어땠어요? 은혜가 되었나요?"라는 식으로 물어보면 안 되네. 이렇게 질문하면 사모의 날카로운 부정적인 평가가 나올 수 있다네.

사모에게 박 목사의 설교에 대하여 세 가지를 살피도록 부탁하게.

첫째, 박 목사가 A라고 해야 하는데 B라고 한 것이 있는지를 살피도록 부탁하게.
둘째, 설교의 핵심 메시지가 전달되었는지를 살피도록 부탁하게.
셋째, 박 목사의 얼굴과 태도가 성도들에게 편안함을 주었는지를 살피도록 부탁하게.

이 세 가지를 부탁하면 사모는 여기에 대해서만 말해 줄 것이네. 사모는 설교를 들을 때 이 부분에 대하여 잘 살펴볼 것일세. 이렇게 하면 부부 싸움을 할 일은 없을 것 같네.

박 목사 목사님이 언급하신 세 가지를 부탁하면 아내한테 신랄한 평가를 들을 일은 없을 것 같습니다. 설교에 도움이 많이 될 것 같습니다.

김 목사 세 가지 외에 더 추가해도 되네. 사모는 박 목사의 이런 부탁을 좋아할 것일세. 남편의 설교에 도움이 된다고 생각할 테니까.

사모 외에도 설교 피드백을 해 줄 수 있는 사람들이 있네. 성도 중에서 박 목사에게 긍정적인 피드백을 해 줄 수 있는 사람들을 찾아보게. 평소에 부정적인 언어를 사용하는 성도는 포함해서는 안 되네. 부정적인 사람은 좋은 것도 부정적으로 보기 때문에 박 목사를 낙담시킬 수 있네.

세 명 내지 다섯 명으로 나이대별로 적절하게 찾아보고, 이들에게 서너 가지 피드백 확인 사항을 알려 주고 피드백을 부탁하게. 그들의 피드백이 박 목사에게 도움이 될 것일세. 한 가지 주의 사항이 있네. 가끔 피드백을 받도록 하게. 매주 하지는 말게.

박 목사 왜 가끔 받는 것이 좋습니까?
피드백이 유익하다면 설교 피드백 팀을 만들어서 계속 피드백을 받으면 설교 사역에 지속적으로 도움이 될 것 같은데요?

김 목사 매주 받지 말라는 이유는 피드백은 부족한 것을 이야기하는 것이기 때문이네. 피드백을 해 주는 성도들이 박 목사에게 호의적인 분들일지라도 좋은 말만 할 수는 없네. 박 목사를 위하는 피드백일지라도 설교에 대하여 부정적인 말을 자꾸 듣게 되면 박 목사가 위축될 것이네.

공황장애는 연예인이 갖는 직업병이라고 말을 한다. 그렇다면 왜 연예인이 이토록 공황장애에 쉽게 빠지는 것일까. 연예인 수익의 근원은 대중의 관심이므로 그들을 더러 대중의 관심으로 먹고 산다고 한다. 따라서 습관적으로 대중의

> 피드백에 주의를 집중할 수밖에 없다. 매일같이 자신의 이름을 포털 창에 검색하고 댓글을 확인한다. (중략) 대중의 관심이 식어 가고 그들은 엄청난 불안감과 상실감을 느낀다.[2]

박 목사 이해가 됩니다. 오늘 피드백에 대하여 많은 것을 배웠습니다.

오늘 숙제는 무엇입니까?

김 목사 오늘 숙제는 사모로부터 주일 설교 피드백을 받는 것이네. 토요일에 세 가지 확인 사항을 알려 주고, 주일 저녁에 피드백을 받도록 하게.

---

2 김 단, 『역주행의 비밀』(스노우폭스북스, 2023), 1장: 실패를 타고나는 뇌, 전자책.

제2부

설교 준비

❶ 설교 계획을 하면 성도들이 설교를 더 잘 듣는다

❷ 성경을 꾸준히 읽으면 '설교 본문'을 쉽게 찾을 수 있다

❸ 성경을 묵상하면 '설교할 내용'을 확보할 수 있다

❹ 설교 준비할 시간이 없다면 '재탕 설교'가 대안이 될 수 있다

❺ 설교를 준비하기 싫을 때 여섯 가지 방법을 사용해 보라

❻ 설교학 책을 보면 설교의 부족한 부분을 찾을 수 있다

❼ 주석 보기 전에 성경을 먼저 보라

❽ 매년 해야 하는 절기나 행사 설교도 신선하게 할 수 있다

❾ 설교는 영적 전쟁이기 때문에 기도가 필요하다

❿ 설교 원고에 매이고 싶지 않다면 설교 리허설을 하라

설교 계획을 하면
성도들이 설교를 더 잘 듣는다

박 목사 설교 계획을 해야 한다는 말을 들은 적이 있습니다. 설교를 계획해 보려고 시도했는데 잘 안 되었습니다.

설교 계획을 해야 하는 것입니까?

목사님은 설교 계획을 하십니까?

김 목사 나는 설교 계획을 하고 있네. 설교 계획을 하지 않는 것보다 하는 것이 좋다네. 설교 계획이 쉽지는 않네. 나도 담임목사가 된 후 오랫동안 설교 계획을 못 했다네. 몇 년 전부터 시작했는데, 설교 계획을 해 보니 좋은 점이 많았네.

설교 계획을 하면 무엇이 좋을 것 같은가?

박 목사 계획을 한다는 것은 미리 준비하는 것이니 설교 스트레스가 줄어들 것 같습니다. 설교 준비를 더 잘할 수 있을 것 같습니다.

김 목사 박 목사가 말한 것들은 설교 준비를 미리할 때 얻는 유익들이네. 조금 다른 관점에서 설명해 보겠네. 설교를 계획하면 성도들에게 유익을 줄 수 있네. 성도들을 생각하면서 설교 계획을 한다면 성도들에게 어떤 말씀이 필요할지를 많이 생각하게 된다네. 설교 계획을 통해서 다양한 말씀을 균형 있게 전할 수 있네. 만약 주일이 임박한 가운데 설교 준비를 하면 결코 이런 준비를 할 수 없다네.

> 설교 계획은 균형 잡힌 설교를 하기 위해 필요하다. 계획성 없는 설교는 설교자의 취향이나 청중의 요구에 따라 어느 한편으로 치우칠 가능성이 많다. 영양의 균형이 맞지 않는 식단으로 음식을 공급하면 편식이 되듯 계획 없는 설교는 영적 편식으로 신앙 성장에 병적 현상이 일어나게 할 가능성이 많다.[1]

박 목사 목사님은 설교 계획을 어떻게 하십니까?

김 목사 설교 계획을 한다는 것은 성경 한 권을 정해서 매주 설교하는 것을 의미하는 것은 아니네. 성경 한 권을 연속적으로 설교하는 것을 계획적으로 설교한다고 생각할 수 있겠지만, 설교 계획을 한다는 것은 어떤 목적을 갖고 미리 본문과 제목을 결정하는 것이네.

박 목사 설교 계획은 의도성을 갖고 해야 하는 것이네요.
설교 계획은 언제 해야 합니까?
1년 전에 설교 계획을 해야 합니까?

---

[1] 임택진, "설교의 청사진", 「목회와 신학」, 1992년 12월 호, https://moksin.duranno.com/

> 내 메시지의 탄생은 설교하기 1년 전부터 시작된다. 우선 그해의 설교 달력을 작성한다. 일주일 동안 이 달력을 작성하는데, 여기에는 설교 제목, 큰 주제, 각 설교의 본문이 포함된다. 그리고 1년 후 그날에 설교할 본문을 중심으로 말씀을 묵상한다. 최대한 장당 두 시간을 투자한다. 실제로 설교하기 열흘쯤 전에는 미리 묵상했던 내용을 다시 꺼내 보면서 그 설교를 위해 모아 둔 자료를 한 파일에 정리해 둔다. 자료를 훑어보는 데 약 한 시간이 소요된다. 설교하는 주에는 17-22시간 정도를 들여 준비한다. 물론, 각 설교마다 들이는 시간은 조금씩 달라진다.[2]

김 목사 1년 계획을 할 수 있으면 하게나. 1년을 미리 준비한다면 얼마나 유익이 많겠나. 1년 계획은 쉽지 않네.

나는 어느 해 연말에 새해의 목회 계획을 세우고 그 목회 계획에 따라서 설교 계획을 세워 보았네. 1년 52주를 도표로 만들어서 주일마다 어떤 본문으로, 어떤 제목으로 설교할지를 정해 보았네. 제목은 대충 정했다네. 교회와 성도들을 생각하면서 1월에는 어떤 설교가 필요하고 7월에는 어떤 설교가 필요하고 12월에는 어떤 설교가 필요할지를 생각하면서 정해 보았네.

새해가 시작되고 1월과 2월은 계획대로 했는데 3월부터는 계획대로 설교하지 못했네. 계획된 설교가 상황에 맞지 않았기 때문이었네. 그 후부터 1년 계획은 하지 않고 두 달 정도의 설교 계획을 하고 있네.

---

[2] 스콧 M. 깁슨, 『주일 강단을 제자훈련의 기회로 활용하라』, 최우성 옮김 (국제제자훈련원, 2014), 59.

박 목사에게 한 달 설교 계획을 권하고 싶네. 한 달 계획이 익숙해지면 두 달 계획을 해 보게. 이런 식으로 개월 수를 늘려서 계획하면 된다네.

> 설교 계획은 신성불가침 영역이 아니라는 것을 기억하라. 사역을 하다 보면 국가적으로, 지역적으로 또는 교회 내에서 전혀 예상치 못한 사건이나 문제가 발생하기도 한다.[3]

박 목사 저는 한 달 계획도 세우기가 쉽지 않을 것 같습니다. 한 달 계획을 세우는 방법을 잘 모르기 때문입니다. 목사님께서 어떻게 하시는지를 알려 주시면 따라 해 보겠습니다.

김 목사 나는 시리즈 설교를 자주 하는데 주로 4주 단위로 한다네. 자연스럽게 한 달 설교 계획을 세울 수 있다네.

나중에 시리즈 설교에 대하여 자세하게 이야기하겠지만 여기서는 조금만 언급하겠네. 4주 시리즈 설교의 구상은 그 설교를 하기 한 달 전쯤에 시작한다네. 어떤 설교 주제가 성도들에게 유익할지를 먼저 생각하네.

시리즈 설교를 시작하기 한 주 전쯤에 본문과 제목을 확정한다네. 본문과 제목을 확정하기 위해서는 각 설교마다 30퍼센트 정도의 설교 원고를 작성해야 하네. 그렇지 않으면 설교 제목을 정하기 어려울

---

[3] 스콧 M. 깁슨, 『주일 강단을 제자훈련의 기회로 활용하라』, 140.

것이기 때문이네. 그리고 시리즈 설교를 시작하기 전에 4주 시리즈 설교의 제목과 본문을 성도들에게 알려 준다네.

박 목사 성도들에게 미리 한 달의 설교를 알려 주는 이유는 무엇입니까?

제가 아는 어떤 목사님은 다음 주일 설교를 미리 알려 주는 것이 좋지 않다고 했습니다. 그 이유는 '하나님께서 주일에 나에게 무슨 말씀을 하실까'라는 기대를 성도들이 할 수 없게 하기 때문입니다. 다음 주일 설교의 제목과 본문을 공개하면 신비감이 줄어들 수 있겠다는 생각이 들기도 합니다.

이것은 어떻게 생각하십니까?

김 목사 설교의 본문과 제목을 미리 알려 주는 이유는 성도들이 설교를 들을 준비를 하도록 하기 위함일세. 설교를 듣기 전에 설교 본문과 제목을 안다면 설교를 듣는 데 도움이 된다네.

그 이유가 뭐라고 생각하는가?

박 목사 말씀을 사모하는 성도라면 설교를 듣기 전에 설교 본문을 읽어 볼 것 같습니다. 본문을 읽으면서 설교 제목과 연관성을 생각해 볼 것 같습니다. 이렇게 하면 설교에 대하여 궁금증이 생길 것이고 설교를 들을 때 집중이 잘될 것 같습니다.

김 목사 성경 본문을 읽어 오는 것만으로도 주일에 설교를 듣는 자세가 달라지네. 목회자는 성도들이 말씀을 잘 듣기를 바라네. 말씀을 잘 들을 때 삶에 변화가 일어나기 때문이네. 성도들이 설교를 잘 듣기를 바라는 목회자라면 설교 계획은 필수라고 할 수 있네.

> 마셜 셸리는 다음과 같이 주장했다.
> "부모는 아이에게 늘 건강에 좋고 맛있는 음식을 차려 주기 원한다. 목회자 역시 가족을 먹이는 역할을 한다. 다양한 교단의 목회자를 인터뷰한 결과 하나의 공통분모가 드러났다. 균형 잡힌 다이어트는 저절로 이루어지지 않는다는 것이다. 목회자들은 성도들을 위해 건강한 식단을 짜야 한다."[4]

박 목사 설교 계획이 왜 필요한지를 깨달았습니다. 감사합니다.

김 목사 오늘 숙제는 한 달 설교 계획을 해 보는 것이네. 성도들을 생각하고 4주의 본문과 제목을 한번 정해 보게.

---

4   스콧 M. 깁슨, 『주일 강단을 제자훈련의 기회로 활용하라』, 137-138.

성경을 꾸준히 읽으면 '설교 본문'을 쉽게 찾을 수 있다

박 목사 설교를 준비할 때 설교 본문을 찾는 것이 힘듭니다. 어떻게 하면 설교 본문을 쉽게 찾을 수 있을까요?

김 목사 나도 박 목사처럼 설교 본문을 찾는 것이 힘들 때가 있었네. 이제 그런 일은 별로 없네. 내 경험을 갖고 이야기해 보겠네. 목회자들이 설교 본문 찾는 문제를 해결할 수 있는 여러 가지 방법이 있는데, 그중의 하나가 규칙적인 성경 읽기라네.
박 목사는 성경을 규칙적으로 읽는가?

박 목사 부끄럽지만, 성경을 규칙적으로 읽지 못하고 있습니다. 설교 준비를 하며 성경을 계속 읽어서 그렇지, 따로 읽지는 않고 있습니다.

김 목사 많은 목회자가 박 목사처럼 성경을 읽을 것 같네. 나도 오랫동안 그렇게 했네. 설교 준비를 하면 거의 매일 성경을 읽어야 하니까 성경을 따로 읽을 필요를 못 느꼈네. 이제는 설교 준비할 때만이 아니라 설교 준비와 별도로 성경을 읽고 있네. 이렇게 성경을 읽으면 설교 준비를 위해서 성경을 읽을 때와는 다른 깨달음이 있네. 목회자는 설교를 위한 성경 읽기만이 아니라 성경을 알기 위하여 성경 읽기를 해야 하네.

박 목사는 성경을 알아야 하는 이유가 무엇이라고 생각하는가?

박 목사 성경을 알게 될 때 하나님을 알게 된다고 생각합니다. 성경이 하나님의 말씀이기 때문입니다.

김 목사 성경을 읽어야 하나님을 알 수 있네. 우리가 하나님을 알게 될 때 깨닫게 되는 것은 하나님의 사랑일세. 하나님의 사랑을 알 때 우리는 하나님을 사랑할 수 있네.

하나님을 사랑하는 자가 하는 설교와 그렇지 않은 자가 하는 설교가 같을 수 있겠는가?

> 우리가 하나님의 말씀인 성경을 공부하고 연구하는 목적은 오직 하나, '하나님을 아는 것, 그리고 그로 말미암아 하나님과 더 깊은 사랑에 빠지는 것'이 되어야 합니다.[1]

박 목사 분명히 다릅니다.

그럼 설교와 관련 없이 성경을 읽는 방식은 설교 본문을 정하는 데 어떻게 도움이 됩니까?

---

1 이지웅, 『말씀을 읽다』(예수전도단, 2014), 9.

김 목사 목회자들이 성경을 읽는 것은 일반 성도들이 읽는 것과는 다를 수밖에 없네. 목사는 설교를 위한 성경 읽기가 아닐지라도 성경을 읽을 때 은연중에 설교를 생각할 수밖에 없네.

그렇지만 성경 읽기가 설교 본문을 찾는 목적이 되어서는 안 되네. 성경을 읽으면서 설교할 만한 구절인지를 검토하면서 읽어서는 안 된다는 것이네. 성경을 읽으면서 마음에 특별하게 다가오는 구절이 있다면 그 구절을 메모지에 적으면 되네. 박 목사도 이렇게 해 보게. 이렇게 하면 자연스럽게 설교할 본문들이 쌓이게 될 것일세.

박 목사 성경 읽기가 설교 본문을 쌓는 방법이라고 하셨는데, 구체적으로 말씀해 주세요. 목사님이 하시는 방법을 알려 주시면 좋겠습니다.

김 목사 나는 성경 읽기를 시스템으로 만들어서 한다네. 시스템으로 만들면 매일 정해진 시간에 할 수 있다네.

나는 매일 새벽기도회를 마친 후 30분을 성경 읽기 시간으로 정했네. 그리고 성경 읽을 때 타이머를 사용하고 있네. 타이머를 30분으로 맞추고 읽으면 30분을 꽉 채워서 읽을 수 있기 때문이네. 이것은 일명 '포모도로 기법'인데, 시간을 제한해서 무엇인가를 하는 방법이네. 타이머를 30분으로 맞추고 성경을 읽으면 집중도가 높아져서 성경을 읽는 데 도움이 된다네.

나는 성경 읽기를 시스템으로 만들기 위하여 한 가지 더 추가한 것이 있네. 성경 읽기와 묵상을 위한 탁자를 따로 만들었다네. 담임목사실에 작은 탁자를 하나 설치하고 그 위에는 성경책만 놓아 두었네. 이 탁자는 오직 성경 읽기와 묵상을 위한 용도로만 쓰인다네. 새벽기도 마치고 담임목사실에 오면 이 탁자 앞에 앉아서 자연스럽게 성경을 읽는다네.

박 목사도 이런 방식으로 해 보게.

> 알터는 목표 설정과 시스템의 차이를 이렇게 설명했다.
> "예를 들면, 10만 자 쓰기를 목표로 정했다면 매일 아침 한 시간 동안 500자 쓰기라는 시스템으로 살짝 바꿔 보는 겁니다. 이렇게 하면 결국 10만 자를 쓰게 되면서도 사람들은 대부분 이런 식으로 생각하지 않아요. 저는 이렇게 저만의 시스템을 세워서 원하는 바를 이뤄 냅니다."[2]

박 목사 저는 목사님처럼 하기 힘들 것 같습니다. 저는 새벽기도 마치면 집에 가서 자야 하기 때문입니다.

김 목사 새벽기도 후에 성경 읽는 것이 어렵다면 출근한 후 30분 동안 성경 읽기를 해 보게. 박 목사에게 이때가 방해받지 않는 시간일 것 같기 때문이네. 하루 일을 시작하기 전에 성경을 읽는 것이 필요하네. 이때 30분 타이머를 켜 놓고 읽어 보게.

성경을 읽을 때 해야 할 중요한 것이 있네. 성경을 낯설게 읽는 것이네. 성경을 낯설게 읽는 방법 중의 하나는 깨끗한 성경책이나 태블

---

2 어맨사 임버, 『거인의 시간』, 김지아 옮김 (다산북스, 2024), 1장: 우선순위, 전자책.

릿으로 읽는 것이네. 성경책에 아무런 표시가 없어야 낯설게 읽을 수 있기 때문이네. 성경을 낯설게 읽어야 이전에 보지 못했던 것을 보게 되고 깨닫지 못했던 것을 깨달을 수 있다네.

> 하나님 말씀을 묵상할 때 바람직한 태도는 '본문을 낯설게 보기'이다. 단어는 더 낯설게 보아야 한다. 안다고 생각하는 순간 그 뜻, 의미를 모두 잃게 된다.[3]

박 목사 목사님이 제안하신 방법을 따르는 것이 좋을 것 같습니다. 아침에 출근한 후 성경을 읽지 않으면 성경 읽기가 힘들어질 것 같기 때문입니다. 목사님, 성경 읽기가 자연스럽게 설교에 도움이 될 수 있도록 하려면 어떻게 해야 하는지 알려 주세요.

김 목사 꼭 메모지를 갖고 성경을 읽도록 하게. 성경을 읽으면서 성경의 인물 속으로 들어가서 생각해 보고 하나님의 입장에서 생각해 보게. 이렇게 하다가 성경 구절과 간단한 제목을 적어 놓게.

예를 들어 보겠네. 나는 어느 날 고린도전서 2장을 읽다가 인터넷의 '구글 문서'에 "고전 2:1-2, 십자가만으로 충분하다"라고 적어 놓았네. 이렇게 하니까 '구글 문서'에 성경 구절이 쌓였네.

어느 날 주일 설교 본문을 찾기 위하여 구글 문서에 적혀 있는 구절들을 살펴보고 그중 하나를 선택해서 설교했네. 구글 문서에 적어 둔 성경 구절들은 설교뿐 아니라 심방을 할 때에도 사용한다네.

---

[3] 송은진, 『묵상』(글과길, 2023), 135.

박 목사 목회자가 성경을 읽을 때 유익이 많다는 것을 알았습니다. 오늘 숙제는 무엇입니까?

김 목사 숙제는 성경 읽기를 시스템으로 만드는 것이네. 출근하고 30분 성경을 읽되, 타이머를 30분으로 맞추고 메모하면서 읽어 보게.

성경을 묵상하면
'설교할 내용'을 확보할 수 있다

박 목사 목사님께서 지난번에 성경 읽기가 설교 본문을 찾는 데 도움이 된다고 하셔서 교회로 돌아가서 성경을 읽었습니다. 목사님이 하시는 대로 마음에 와닿는 구절과 제목을 메모지에 적었습니다. 며칠이 지나니 구절이 쌓였고, 배부른 느낌이 들었습니다.

그런데 한 가지 의문이 들었습니다. 이렇게 적은 구절과 제목을 설교 본문으로 삼기가 쉬울까 하는 의문입니다. 시간이 지나면 읽을 때의 감동과 감정이 사라질 것이고 그렇게 되면 설교 본문으로 선택하기가 쉽지 않을 것 같습니다.

김 목사 그럴 수 있네.

성경을 읽으면서 본문을 적고 제목을 대충 적지만 이 메모가 나중에 설교의 본문으로 사용된다는 보장은 없네.

박 목사 이 문제를 보완하는 것이 필요할 것 같습니다. 어떻게 하면 되는지요?

김 목사 성경 묵상을 하는 것이네. 성경 묵상은 성경 읽기와 한 짝이라고 할 수 있네. 성경 읽기를 한다면 그다음에 성경 묵상을 해야 한다네. 그럼 박 목사가 걱정하는 문제가 해결될 수 있네.
  박 목사는 성경 묵상을 어떻게 하고 있는가?

  박 목사 저는 묵상책을 읽으며 묵상하고 있습니다. 새벽기도회를 묵상책으로 하고 있기 때문입니다. 묵상책을 매일 보고 있습니다. 엄밀하게 말하면 묵상책을 읽는다고 말하는 것이 나을 것 같습니다.
  목사님은 성경 묵상을 어떻게 하고 계십니까?

  김 목사 나는 성경 읽기와 연계하여 묵상한다네. 성경 읽기를 하다가 마음에 와닿는 구절을 만나면, 지난번에 말한 대로 '구글 문서'에 기록한다네. 어느 정도 시간이 지난 후에 구글 문서에 기록된 것 중에서 하나를 선택해서 묵상한다네.
  묵상할 때 먼저 입으로 구절을 읽는다네. 묵상은 말씀을 곱씹는 행위이기 때문이네.
  이렇게 하면서 말씀에서 뭔가를 건져 올리기 위해 떠오르는 생각을 적는다네. 구절의 의미도 적고, 구절이 나에게 어떤 의미가 있는지, 구절이 하나님을 어떻게 묘사하고 있는지를 적는다네. 말씀을 깊이 생각하면서 두서없이 적는다네. 설교문을 적는 것이 아니기에 그냥 생각나는 대로 적는다네. 이렇게 적을 때 말씀 속에서 많은 것을 건져 올릴 수 있네.

> 하나님 말씀을 내 입술로 소리 내어 읽고, 읽고, 읽고 하는 모든 움직임을 '묵상'이라 한다. 묵상은 그 말씀을 붙잡아 내 속에 심기 위한 반복된 웅얼거림이다.[1]

박 목사 목사님의 묵상은 깊은 우물에서 생수를 끌어 올리는 것 같습니다. 설교를 목적으로 하지 않는 묵상은 설교 준비할 때와 다른 좋은 것을 주는 것 같습니다.

목사님께서 묵상을 통해서 무엇을 어떻게 얻으시는지 구체적으로 말씀해 주실 수 있습니까?

김 목사 어느 날 누가복음 17장을 읽었고, 그중에서 11-19절을 며칠 후에 묵상했네. 묵상하면서 등장하는 인물들의 심정을 생각했네. 나병 환자 열 명의 삶을 생각해 보았고, 그들의 고통과 아픔을 생각해 보았네. 그들이 주님을 향하여 "우리를 불쌍히 여기소서"라고 소리칠 때 얼마나 절박하게 외쳤을지를 상상해 보았네.

이렇게 하면서 떠오르는 생각을 적기 시작했네. 나를 성경 속으로 집어넣고 느껴지는 것들을 적다 보니 시간 가는 줄 모르고 적었네. 나중에 보니 분량이 상당했다네. 이전에 이 본문으로 설교를 두 번 정도 했는데, 이전에 깨닫지 못한 것들을 많이 깨달았다네. 이렇게 적으면서 묵상하면 말씀의 깊은 것을 계속 깨달을 수 있네.

---

[1] 송은진, 『묵상』(글과길, 2023), 19.

> 인간이 성장하는 방법은 크게 두 가지로 나뉘는데, 하나는 외부로부터 받아들이는 것이고 다른 하나는 내 안에서 끄집어내는 것이다. 이 두 가지 방법을 병행하여 시너지를 끌어낼 때 진정으로 도약할 수 있다.[2]

박 목사 목사님이 하시는 묵상은 성경으로 들어가는 것이네요. 목사님은 성경을 읽으면서 모아 둔 것으로만 묵상하십니까?

김 목사 그렇지는 않네. 나는 책을 읽으면서 묵상할 구절을 수집하기도 하네. 책을 읽을 때 책 속에서 성경 구절을 접하게 되는 경우가 있네.

예를 들어 보겠네. 어떤 책 속에 자유에 대한 설명이 있었네. 그리스도인의 자유가 얼마나 놀라운 것인지를 저자가 설명하면서 성경 구절들을 언급했다네. 그중의 하나가 갈라디아서 5장 13절이었네.

"너희가 자유를 위하여 부르심을 입었으나 그러나 그 자유로 육체의 기회를 삼지 말고 오직 사랑으로 서로 종노릇하라"(갈 5:13).

자유에 대한 설명을 읽으면서 이 구절이 평소보다 의미 있게 다가왔다네. 그래서 '구글 문서'에 이 구절을 적어 두었네.

독서하면서 묵상의 구절을 찾을 때 좋은 점이 있네. 책을 통해서 이미 그 의미를 이해하고 있기에 묵상할 때 좀 더 다양한 생각을 할 수 있다네. 이 방식으로 성경 묵상을 하는 것도 좋다네.

---

[2] 김익환, 『거인의 노트』(다산북스, 2023), 25.

박 목사 두 방식을 사용하여 묵상하면 풍성한 것을 얻을 수 있을 것 같습니다. 묵상을 잘하면 자연스럽게 설교로 연결이 될 것 같습니다.

김 목사 성경 묵상을 계속하게 되면 설교할 내용을 계속 확보할 수 있네. 성경 읽기를 할 때는 성경 구절에 관한 생각을 기록하지 않지만, 묵상을 할 때는 성경의 바다에 들어가서 다양한 생각을 건져 올리고 기록하기 때문에 설교 본문이 될지를 어렵지 않게 알 수 있네. 성경 묵상을 꾸준히 하면 설교할 내용을 확보해야 한다는 걱정을 할 필요가 없네. 물론, 묵상이 설교가 되는 데는 한계가 있네. 목사의 주관적 관점이 들어가 있어서 객관성을 잃을 수 있네. 이 묵상을 설교로 만들 때는 주석을 통해 단어나 문장의 의미를 반드시 바로잡아야 하네.

박 목사 저도 성경 묵상으로 만들어진 설교를 들은 적이 있습니다. 설교가 통찰력이 있고 새롭기는 했는데, 들으면서 '그 뜻이 아닌데'라는 생각이 들었습니다.
그렇다면 목사님은 성경 묵상을 언제 얼마나 하십니까?

김 목사 앞에서 언급했듯이 성경 읽기를 한 후 이어서 묵상을 한다네. 늘 이렇게 하지는 않네. 가끔은 오후나 저녁에 하기도 한다네. 가급적이면 30분을 한다네. 묵상을 10분만 하고 싶을 때도 있다네. 이럴 때 30분 타이머를 켜고 묵상하면 30분을 할 수 있네. 성경 묵상에서 많이 건져 올리고 싶다면 질문을 계속하게. 그렇게 하면 30분 동안에 많은 것을 건져 올릴 수 있네.

> 지금, 이 순간에도 인생을 변화시킬 만한 효과적인 독서법을 찾기 위해 여기저기를 기웃거리고 있다면, 잠시 멈춰라!
> 잠시 멈추고 해야 할 일은 '질문'이다. 좋은 질문을 던지는 법을 찾을 수 있다면 당신의 인생이 변화되는 것은 시간문제다. 인생은 답이 아니라 던지는 질문에 따라 변화되기 때문이다.[3]

박 목사 저도 성경 읽기를 한 후에 묵상하는 것이 좋겠다는 생각이 듭니다. 출근해서 성경 읽기만 하고 묵상하지 않으면 나중에는 하기 힘들 것 같기 때문입니다. 한 시간 동안 성경 읽기와 묵상을 한다면 하루의 시작이 풍성해질 것 같습니다. 매일 하기가 쉽지 않겠지만 일단 시도해 보겠습니다.

김 목사 성경 읽기와 성경 묵상은 설교자에게 꼭 필요한 습관이라고 할 수 있네. 성경 읽기와 성경 묵상을 꾸준히 한다면 설교가 조금씩 달라질 것이네. 박 목사는 담임목회를 시작한 지 얼마 되지 않았기에 지금부터 꼭 하게. 부목사 때부터 이런 습관을 가진다면 담임목회를 할 때 이미 설교가 달라져 있을 것일세.
　오늘 박 목사에게 줄 숙제는 이번 주에 성경 묵상을 30분씩 하는 것이네. 꼭 타이머를 켜고 해 보게.

3　송은진, 『묵상』, 36.

4

설교 준비할 시간이 없다면
'재탕 설교'가 대안이 될 수 있다

박 목사 목회하다 보면 어떤 주간은 일이 많고 바빠서 설교 준비할 틈이 없을 때가 있습니다.
그럴 때는 어떻게 해야 합니까?

김 목사 목회를 하다 보면 그런 주간이 있다네. 박 목사는 그런 주간에 어떻게 했는지 궁금하네. 박 목사 이야기를 먼저 듣고 내 생각을 말해 보겠네.

박 목사 지난 1년 동안 그런 주간이 몇 번 있었습니다. 어떤 주간에는 장례가 두 번 생겨서 설교 준비하기 힘들었고, 어떤 주간에는 여러 가정을 심방하느라 육체적으로 피곤해서 설교 준비하기 힘들었습니다. 어쩔 수 없이 다른 교회에서 부목사로 섬길 때 했던 설교를 약간 수정해서 했습니다.

김 목사 도저히 설교 준비할 시간을 내지 못할 때는 박 목사가 했던 것처럼 하면 되네. 우리는 이런 설교를 일명 '재탕 설교'라고 부르네.

많은 사람이 재탕 설교를 부정적으로만 본다네. 그래서 목회자들은 재탕 설교 한다는 말을 잘하지 않는다네. 내가 '재탕 설교'를 하라고 하니 박 목사도 아마 놀랐을 거야.

박 목사 솔직히 놀랐습니다. 재탕 설교는 은밀하게 하는 것인데 목사님께서 재탕 설교를 하라고 권하시니 놀란 것입니다.
목사님께서 재탕 설교를 권하시는 이유는 무엇입니까?

김 목사 오해는 하지 말게. 나는 재탕 설교를 권하지는 않네. 담임 목사라면 설교 준비를 성실하게 하는 것이 옳다고 생각하는 사람이네. 목회하다 보면 설교 준비를 하기 힘들 때가 있네. 이때 다른 목회자의 설교를 베껴서 하지 말고 차라리 재탕 설교를 하라는 말이네.

박 목사 죄송합니다. 재탕 설교에 대하여 제가 오해했습니다.
재탕 설교를 하면 성도들이 뭐라고 하지 않을까요?
성도들은 담임목사가 한 주간 바쁘게 지냈다고 해도 재탕 설교를 좋게 보지는 않을 것 같습니다.

김 목사 박 목사는 한 달 전에 했던 설교를 기억하는가?
아마 제목도 기억하지 못할 걸세. 나도 한 달 전에 했던 설교의 제목을 기억하지 못한다네. 제목만 기억하지 못하는 것이 아니네. 내용도 기억하지 못한다네.
설교자가 기억을 못하는데 청중은 기억할 수 있겠나?

예배 후에 설교에 대하여 물어보면 조금 전에 들었던 설교의 내용도 기억하지 못하는 분이 많네.

> 연구에 따르면 인간은 한 시간 이내에 학습한 내용의 50퍼센트를 잊어버리고 24시간 이내에 평균 70퍼센트를 잊어버린다고 한다.[1]

박 목사 그런 것 같습니다. 예배 후에 소그룹에서 설교 나눔을 하는데 설교 내용을 잘 기억하지 못하는 분들을 본 적이 있습니다.

김 목사 성도들이 기억을 못 해서 재탕 설교를 해도 된다는 말은 아니네. 이런 이유로 재탕 설교를 한다면 교인들을 속이는 것이네.

내가 재탕 설교를 하라는 이유는 따로 있네. 교육의 핵심은 반복이기 때문이네. 사람은 한 번의 가르침으로 온전히 알고, 아는 대로 사는 존재가 아니라네.

박 목사는 자녀들에게 무엇인가를 가르칠 때 한 번만 말하는가?

거듭 말할 걸세.

우리가 성경을 읽을 때 창세기부터 요한계시록까지 매번 새로운 것을 배우는가?

성경은 반복의 연속이네.

---

1 짐 퀵, 『마지막 몰입』, 김미정 옮김 (비즈니스북스, 2021), 87.

> 설교자는 무언가를 계속해서 새롭게 만들어 내는 존재가 아니라, 주님이 하신 말씀, 즉 사도와 선지자들을 통해 전하신 말씀을 반복하는 존재입니다. 이렇게 보면 이전에 했던 설교를 반복하지 못할 이유는 없습니다.[2]

박 목사 재탕 설교를 해야 한다면 어떤 설교를 반복하는 것이 좋을까요?

김 목사 복음 설교를 반복해서 하게. 복음 설교는 의도적으로라도 반복해야 하는 설교네. 복음 설교는 예수를 안 믿는 사람들이 들어야 하는 설교라고 생각하면 오해라네. 이미 믿고 있는 사람들도 복음 설교를 반복해서 들어야 한다네. 목회자는 일 년에 한 번 이상, 의도적으로 복음 설교를 하는 것이 필요하네. 복음 설교 외에도 성도들이 꼭 알아야 하는 말씀이 있다면 반복해서 설교하면 된다네.

박 목사 저도 복음 설교를 반복해서 해야 한다는 말을 들은 적이 있습니다.
재탕 설교를 한다면 전에 했던 설교를 그대로 하면 됩니까?
혹시 재탕 설교를 할 때 주의해야 할 것이 있는지요?

김 목사 이전 설교를 그대로 하지 말고 약간이라도 변화를 주는 것이 필요하네. 제목을 바꾸고 서론을 바꾸는 것을 추천하네. 그다음에

---

[2] 조광현, 『질문과 함께 배우는 설교』 (복있는사람, 2022), 196.

예화를 바꾸어 보게. 이 정도 바꾸는 데 시간이 많이 걸리지는 않을 것일세. 적절한 예화를 찾는 데 어려움이 있을 수 있네. 이런 때를 위해서 평소에 예화를 잘 모아 두는 것이 필요하네.

> "옛날에 한 설교를 재탕을 해요?
> 교인들이 모를까요?"
> "알기 어려울 걸세. 똑같은 예화를 사용하지 않는다면 말야. 때로는 다른 설교인데 예화를 반복하면 옛날 설교를 재탕한다는 욕을 먹게 되지. 그러나 옛날 설교를 재탕하되 예화를 바꾸어서 해 보게. 감쪽같이 모를 걸세."[3]

박 목사 오늘은 재탕 설교에 대한 관점을 바꾼 귀중한 시간이었습니다.

김 목사 재탕 설교는 자주 하면 안 되네. 설교 준비할 시간이 부족할 때만 하도록 하게. 반복이 필요하다고 자주 반복하면 성도들이 목회자를 신뢰하지 않는다네.

숙제를 내 주겠네. 이전에 했던 복음 설교를 찾아보게. 그리고 그 설교의 제목과 예화를 바꾸어 보는 것이네.

---

[3] 브루스 모히니, 『목사님 설교가 아주 신선해졌어요』, 오태용 옮김 (베다니출판사, 2011), 62.

설교를 준비하기 싫을 때 여섯 가지 방법을 사용해 보라

박 목사 어떤 주간에는 설교 준비를 하기 싫을 때가 있습니다. 이럴 때 목사님은 어떻게 하시는지 알고 싶습니다.

어떻게 하면 설교 준비를 다시 할 수 있을까요?

김 목사 목회자라면 누구나 이런 경험이 있을 것일세. 나도 22년간 담임목회하면서 이런 때가 종종 있었네.

나는 이럴 때 여섯 가지 방법을 사용하네. 내가 사용하는 방법을 하나씩 이야기해 줄 테니 한번 들어 보게.

첫 번째는 장소를 바꾸는 것이네. 설교 준비를 하기 싫을 때 나는 노트북을 들고 카페로 가네.

새로운 생각을 하거나 하기 싫은 일을 해야 할 때 장소 이동이 도움이 된다네.

> 관계의 지리적 편중과 의식의 편중을 극복하기 위해서는 만나는 사람과 삶의 공간을 바꿔야 한다. 결심만으로 의식을 바꾸는 것은 쉽지 않다. 현대 경영의

구루(guru, 권위자)이자 사상적 리더인 오마에 겐이치 역시 인간을 바꾸는 세 가지 방법으로 공간을 바꿀 것, 만나는 사람을 바꿀 것 그리고 시간을 바꿀 것을 제안한 바 있다.[1]

박 목사 저도 독서할 때 가끔 카페로 갑니다. 카페에서 독서하면 집중이 잘되는 것 같습니다. 카페에서 공부하는 학생이 많은 것을 보면 목사님의 말씀대로 카페 분위기가 집중하는 데 도움이 되는 것 같습니다.

두 번째 방법은 무엇입니까?

김 목사 두 번째는 독서하는 것이네. 설교 준비가 안 될 때 독서하는 것이 도움이 된다네. 이럴 때 나는 자기 계발서를 읽는다네. 자기 계발서 중에서 동기 부여를 하는 책들이 도움이 된다네. 자기 계발서를 읽다 보면 설교 준비할 마음이 생겨서 설교 준비를 하게 된다네.

극단적인 미루기에 의지함으로써, 당신은 나중의 안락함보다 지금의 안락함을 선택한다. 지금 놀고는 나중에 대가를 지불하는 것이다. 탈출하기로 선택하면 일을 지금 당장 끝내야 한다는 압박감은 없어지지만, 끝나지 않은 일에 대한 부담감을 내내 지고 다녀야 한다. 이 부담감은 당신의 자존감, 자신감, 자기효능감을 옭아매는 무거운 족쇄가 되어 당신을 아래로 끌어내린다. 이런 식으로 살면 엄청난 대가를 치러야 한다.[2]

---

1 최인철, 『굿라이프』(21세기북스, 2018), 231.
2 스콧 앨런, 『힘든 일을 먼저 하라』, 이희경 옮김 (갤리온, 2023), 1부: 나는 왜 같은 패턴을 반복하는가, 전자책.

박 목사 설교 준비하기 싫을 때 자기 계발서를 읽으라는 이야기는 처음 듣습니다.
자기 계발서 중에서 어떤 책을 읽어야 합니까?

김 목사 습관이나 미루기에 관한 책을 읽어 보게. 도움이 될 걸세.
설교 준비하기 싫을 때 **세 번째**로 할 수 있는 것은 멍 때리기네. 설교 준비하기 싫을 때 나는 담임목사실의 소파에 누워 눈을 감는다네. 잠을 청하기 위해서가 아니라 그냥 멍 때리기를 하기 위해서네. 눈을 감고 누워 있으면 이런 생각이 든다네.
'내가 왜 이러고 있나. 오늘 못하면 설교 준비할 시간이 없는데.'
10분 정도 이런 생각을 하다가 다시 설교 준비를 하기도 한다네.
이 방법을 사용할 때 주의할 것이 있네. 소파에 누워서 스마트폰을 보면 안 되네. 스마트폰을 보면 20-30분이 금방 지나가 버릴 뿐만 아니라 책상으로 돌아와서 설교 준비하는 것은 불가능해진다네.

> 최근 뇌 과학 연구에서도 멍 때리기의 중요성이 밝혀졌다. 우리가 아무 작업도 하지 않을 때 뇌에서는 디폴트 모드 네트워크가 작동한다. 디폴트 모드 네트워크란 활동을 하지 않을 때 활성화되는 뇌 부위로 뇌를 대기 모드, 컴퓨터에 비유하면 절전 모드 상태로 만드는 일을 한다. 디폴트 모드 네트워크에서는 다양한 활동을 한다. 과거의 경험과 기억을 정리하고 종합하기, 현재 자신이 처한 상황 분석하기, 앞으로 일어날 일 미리 상상하기.[3]

---

3 가바사와 시온, 『야근은 하기 싫은데 일은 잘하고 싶다』, 이정미 옮김 (북클라우드, 2018), 4장: 스트레스는 지우고 긍정 경험은 쌓는다, 전자책.

박 목사 저도 멍 때리기에 대하여 들은 적이 있습니다. 멍 때리기가 설교 준비에 도움이 될 줄 몰랐습니다.
네 번째 방법은 무엇입니까?

김 목사 네 번째는 대화하는 것이네. 설교 준비하기 싫을 때 교역자들이나 사모와 대화하게. 이때 본문과 관련된 이야기를 해야 하네. 이 방법도 효과가 있다네. 사람과 대화가 어렵다면 거울을 보고 자신과라도 대화해 보게. 이 방법이 도움이 되는 이유는 본문을 계속 생각하도록 하기 때문이네. 그리고 말을 하는 것이 생각을 바꾸는 데 도움이 되기 때문이네.

박 목사 저도 사람과 대화하는 도중에 새로운 아이디어가 떠오른 적이 있습니다. 말을 하는 것이 뇌를 깨운다는 말을 들은 적이 있습니다.
다섯 번째 방법은 무엇입니까?

김 목사 다섯 번째는 글쓰기를 하는 것이네. 설교 본문을 보면서 그냥 적는 것이네. 설교문을 쓰는 것이 아니네. 설교 본문을 보면서 아무 글이라도 쓰는 것이네. 뭔가를 자꾸 적다 보면 설교 준비가 자연스럽게 되곤 한다네.

> 치매 증상이 있는 환자에게 반드시 권하는 습관 중의 하나가 손가락 끝을 섬세하게 놀리도록 하는 것이다. 뇌를 자극할 수 있는 좋은 방법이기 때문이다.

> 시험 도중에 외운 내용이 잘 기억나지 않아 시험지 여백 같은 곳에 아무 글이나 갈겨쓰다 보면 갑자기 무언가가 툭 하고 기억날 때가 있다. 이런 무의식적인 행동들도 뇌를 원활히 움직이도록 자극하는 동기가 된다. 손을 쓴다는 것은 그만큼 효과가 크다.[4]

박 목사 과학적 근거도 있어서 이 방법도 좋은 방법인 것 같습니다. 마지막 여섯 번째 방법은 무엇입니까?

김 목사 마지막 **여섯 번째**는 걷는 것이네. 걷기가 생각하는 데 도움이 된다는 것은 박 목사도 알 것이라고 생각하네. 설교 준비를 하기 싫을 때 교회 밖으로 나가서 걷다 보면 설교 준비에 관한 생각이 바뀌어서 다시 설교 준비를 하게 되기도 한다네.

> 아침에 걷기나 조깅을 하면 뇌가 활성화되어 스트레스 해소에도 도움이 된다. 뇌에서 알파파가 나와 긴장이 풀리고 몸과 마음이 행복감을 느끼면서 뇌의 시상하부와 뇌하수체에서 '베타 엔도르핀'이라는 쾌감 물질이 분비되기 때문이다. 베타 엔도르핀은 스트레스를 해소하는 물질로, 뇌에서 분비되면 서서히 행복감이 밀려오며 그에 따라 몸과 마음의 피로도 사라진다. 정신적으로 단단해지므로 일이나 공부할 의욕도 샘솟는다.[5]

---

4 김병완, 『공부에 미친 사람들』(다산북스, 2019), 244.
5 모기 겐이치로, 『아침의 재발견』, 조해선 옮김 (비즈니스북스, 2019), 65-66.

박 목사 이 여섯 가지를 다 사용했는데도 설교 준비를 할 수 없으면 어떻게 합니까?

김 목사 그런 날도 있네. 그럴 때는 설교 준비를 포기하고 푹 쉬게. 평소보다 일찍 잠자리에 들게. 그다음 날에는 의외로 설교 준비가 잘 된다네. 잠이 생각을 정리해 주는 일을 하기 때문이네.
　이 여섯 가지 방법 외에도 좋은 방법이 있을 걸세. 그것은 박 목사가 찾아보게.

박 목사 알겠습니다. 저만의 방법을 찾아보겠습니다.
　오늘 숙제는 무엇입니까?

김 목사 오늘 숙제는 설교 준비를 하기 싫을 때 여섯 가지 방법 중에서 한 가지 방법을 사용해 보는 것이네.

6

설교학 책을 보면
설교의 부족한 부분을 찾을 수 있다

 설교하면서 제 설교에 문제가 있다는 것을 종종 느낍니다. 제 설교의 문제를 알고 고치고 싶지만, 정확히 무엇이 문제인지 모르니 답답합니다.

제 설교의 문제를 아는 방법이 있을까요?

 그럴 때 가장 좋은 방법은 설교학 책을 읽는 것이네. 박 목사는 최근에 설교에 관한 책을 읽은 적이 있는가?

 신학교를 졸업한 이후로 설교학 책을 읽은 적이 없습니다. 설교학 책을 읽어야겠다고 생각해 본 적도 사실 없습니다.

 설교자는 설교학 책을 읽는 것이 필요하네. 물론, 현실적으로 설교학 책을 읽는 것이 쉽지 않다는 것을 잘 알고 있네. 목회하면서 읽어야 할 책이 많아서 그럴 수도 있네. 그렇지만 설교학 책 한두 권 정도는 가까이 두고 반복해서 읽는 것이 유익하다네.

박 목사 설교학 책을 읽으면 어떤 유익이 있습니까?

김 목사 설교학 책은 효과적으로 설교하는 데 도움을 준다네. 우리는 모두 부족한 설교자이기 때문에 설교학 책을 통해 자신의 설교를 돌아볼 필요가 있네. 담임목사라면 이런 시간을 꼭 가져야 하네. 담임목사로서의 설교와 부목사로서의 설교는 다르기 때문이네. 담임목사의 설교는 비판의 대상이 될 수 있다는 것을 늘 생각하게.

박 목사 부목사로 섬길 때 설교에 대한 비판을 들은 적이 없습니다. 예배 후 인사할 때 성도 대부분이 은혜받았다고 했습니다. 담임목사가 된 지 얼마 되지 않아서 그런지 아직 설교에 대해 비판받은 적은 없습니다. 목사님의 말씀을 들으면서 약간 겁이 나기도 합니다.

김 목사 교회에는 많은 사람이 있지 않은가. 사람들은 담임목사의 설교를 대하는 관점이 다르다네. 어떤 성도들은 담임목사의 설교를 좋아하지만, 어떤 성도들은 설교에 대한 불만을 갖고 있기도 하네. 주일 설교를 들은 후에 성도들은 설교에 관한 의견을 종종 주고받는다는 것을 기어하게. 성도들 간의 대화에서 담임목사의 설교에 대한 비판이 오가기도 하며, 이런 비판적인 의견이 담임목사에게 전달되기도 한다네.

박 목사 목사님도 이런 경험이 있으신가요?

김 목사 미국에서 담임목회를 한 지 1년 정도 지났을 때 내 설교를 성도들이 어떻게 생각하는지 알고 싶어서 설문 조사를 했다네. 주일 광고 시간에 질문지를 나눠 주고 곧바로 작성하도록 했네.

"담임목사의 설교가 잘 이해됩니까? 담임목사의 설교에 대해 하고 싶은 말이 있으면 적어 주세요"라는 질문을 했네. 무기명으로 자유롭게 작성하도록 했다네. 예배 후 성도들이 쓴 글을 읽으면서 충격을 받았네. 설교에 대한 비판이 들어 있었기 때문이었네. 이런 표현들이 적혀 있었네.

"설교가 어려워서 이해가 안 됩니다."
"설교가 너무 딱딱합니다."
"설교에 집중하기 어렵습니다."

나는 성도들의 설교에 대한 이런 표현들을 받아들이기 어려웠네. 왜냐하면, 그 당시 나는 설교를 잘한다고 생각했기 때문이었네.

박 목사 설문지를 보신 후에 어떻게 하셨습니까?

김 목사 처음에는 성도들의 수준이 낮아서 내 설교를 이해하지 못한다고 생각했네. 성도들 탓을 했지.

시간이 지나면서 그렇지 않을 수도 있다는 생각이 들기 시작했네. 그래서 미국 신학교에서 공부할 때 읽었던 설교학 책을 다시 읽기 시작했다네. 설교학 책을 통해 내 설교의 문제와 무엇을 보완해야 하는지를 깨닫게 되었네. 그때까지 하던 설교 방식을 설교학 책을 보면서 조금씩 바꾸었다네. 이후에는 그런 비판을 더 이상 듣지 않았네.

박 목사 설교학 책을 가까이 두도록 하겠습니다. 설교학 책을 어떻게 읽어야 하는지 알려 주세요. 설교학 책을 처음부터 끝까지 읽기가 쉽지 않기 때문입니다.

김 목사 설교학 책을 구매하면 두 가지 방법으로 읽어 보도록 하게.

첫째, 목차를 보고 자신에게 필요하다고 생각되는 부분을 먼저 읽도록 하게. 예를 들어, 적용 부분이 부족하다면 그 부분을 집중적으로 읽도록 하게.

둘째, 설교학 책을 처음부터 끝까지 읽으면서 자신의 부족한 부분을 찾도록 하게. 자신의 문제를 모를 수 있기 때문이네. 먼저 책 전체를 읽어 보는 것이 필요하네. 물론, 모든 내용이 박 목사에게 도움이 되지는 않을 수 있네. 책도 한계를 가질 수 있기 때문이네.

박 목사 설교학 책을 가까이에 두고 조금씩 읽으면서 설교를 보완하도록 하겠습니다. 설교학 책 중에서 제게 도움이 될 만한 책을 추천해 주세요. 설교학 책이 많아서 어떤 책을 읽어야 할지 모르겠습니다.

김 목사 설교학 책들이 많네. 먼저 『좌절된 설교의 치유』를 추천하네. 이 책을 읽으면 설교에 대한 열정이 생긴다네. 설교로 인해 좌절하는 목회자에게 큰 도움이 될 걸세. 또한, 『그리스도 중심의 설교』를 추천하네. 이 책은 설교의 구성에 대하여 도움을 준다네. 나는 이 책의 도움을 많이 받았네. 이 책을 읽기 전에는 주먹구구식으로 설교문을 작성했는데, 이 책을 읽고 나서는 정돈된 설교문을 작성할 수 있었네. 지금도 이 책의 방식대로 설교문을 작성하고 있네. 이 두 책은 박 목사에게 큰 도움이 될 것일세.

또한, 시중에 좋은 설교학 책들이 많네. 종종 서점에 가서 설교학 책들을 살펴보고 구입하여 읽어 보도록 하게.

> 여러분과 내가 지역교회에서 설교단에 설 때, 우리에게는 깨어진 세상을 다시 일으켜 세울 수 있는 씨앗들이 있다. 우리는 설교를 통하여 그 씨앗들이 싹을 틔울 DNA를 전한다. 그러므로 우리가 매주 설교할 때마다, 그 씨앗들은 은혜로 인해 성장하고 형태를 갖추게 된다. 우리가 그 씨앗들과 더불어 만들어 가는 사회야말로 깨어진 세상을 다시 세울 수 있는 유일한 방도이다. (중략) 다른 모든 전략은 실패한 것으로 보이는 이때에, 그리스도의 말씀을 선포하는 설교야말로 이 깨어진 세상을 유일하게 다시 세우는 하나님의 전략이다.[1]

박 목사 목사님이 추천하신 설교학 책 두 권을 구입해서 읽어 보겠습니다.

오늘 숙제는 무엇인가요?

김 목사 오늘 숙제는 추천한 『좌절된 설교의 치유』를 구입하여 읽는 것이네.

---

[1] 크리스토퍼 애쉬, 『좌절된 설교의 치유』, 김태형 옮김 (좋은씨앗, 2021), 138-139.

주석 보기 전에 성경을 먼저 보라

박 목사 주석 보는 것에 관하여 궁금한 것이 있습니다. 어떤 목사님은 설교 준비할 때 주석을 보지 않는다고 하고, 어떤 목사님은 설교 준비할 때 주석을 먼저 본다고 하며, 어떤 목사님은 설교 준비할 때 주석을 나중에 본다고 합니다.

설교 준비할 때 주석을 꼭 봐야 합니까?

꼭 봐야 한다면 주석을 언제 보는 것이 좋습니까?

김 목사 설교자에게 주석은 선택의 문제가 아니네. 설교자에게 주석은 필수라고 할 수 있네. 나는 지금까지 설교 준비하면서 주석을 보지 않고 설교 준비한 적은 없네.

박 목사는 설교 준비할 때 주석을 언제 보는가?

박 목사 저는 본문이 결정되면 곧바로 주석을 봅니다. 주석을 봐야 본문의 뜻을 이해할 수 있고 설교문 작성이 가능하기 때문입니다.

김 목사 많은 목회자가 박 목사처럼 주석을 먼저 볼 것 같네. 나도 오랫동안 그렇게 하였네. 설교 준비 자체가 부담스러운 일 아닌가. 그렇다 보니 부담을 줄이고자 주석을 먼저 볼 수밖에 없었네.

주석을 보면 어렵지 않게 설교문 작성을 시작할 수 있네. 그렇지만 주석을 먼저 보는 것은 바람직하지 않네.

박 목사는 설교자가 주석을 먼저 볼 때 어떤 문제가 생긴다고 생각하는가?

박 목사 경험을 갖고 말해 보게.

> 보통 설교자들이 월요일 아침에 하는 첫 번째 단계가 무엇인가? 자신의 서고에 가서 본문에 관한 주석을 모두 뽑아 읽는 것이다. 이것은 당신이 저지를 수 있는 최악의 일이다.[1]

박 목사 주석을 먼저 보면 주석이 정해 주는 방향으로 설교가 따라갈 것 같습니다.

주석의 설명이 설교 내용에 지대한 영향을 미치지 않을까요?

김 목사 주석을 먼저 보게 되면 주석자의 의도대로 성경을 보게 되고, 설교문을 작성하게 될 가능성이 커지네. 요즘 어떤 주석들은 설교문 비슷한 내용도 포함하고 있지 않는가.

---

1 데이비드 알렌, 『간추린 본문이 이끄는 설교』, 김대혁·임도균 옮김 (아가페북스, 2016), 46.

이런 주석을 먼저 보면 설교문 작성을 어렵지 않게 할 수 있지만 설교 방향과 내용이 이런 주석을 일방적으로 따라갈 가능성이 높아지네.

박 목사 주석을 먼저 보면 말씀과 씨름하고 고민하는 과정이 없겠다는 생각이 듭니다.

김 목사 설교자가 성경과 씨름하는 시간이 없으면 설교자는 앵무새가 될 수 있네. 주석이 말하는 것을 따라 하기 때문이네. 목회자가 성경과 씨름하는 것이 쉬운 일은 아니지만, 그 과정이 반드시 있어야 하네.

박 목사 현재 제게는 성경이 부교재이고, 주석이 교재인 것 같습니다. 현실적으로 설교 준비를 할 때 설교 본문을 먼저 보기가 쉽지 않습니다. 주석에 눈이 먼저 갑니다.
이 문제를 해결할 방법이 있을까요?

김 목사 주석을 먼저 보지 않기 위해서는 설교 준비를 미리 하는 것이 필요하네. 시간적인 여유가 있다면 주석을 먼저 보지 않을 수 있기 때문이네. 늦어도 한 주간 전에 설교 본문을 정하게. 미리 본문을 정한 후 본문을 반복해서 읽게. 이렇게 한다면 자연스럽게 주석은 나중에 보게 된다네. 내가 경험을 해 봐서 자신 있게 말할 수 있네.

박 목사 만약 목사님의 말씀대로 한 주 전에 설교할 본문을 정한다면 저도 굳이 먼저 주석을 보지는 않을 것 같습니다. 성경을 좀 더 볼 것 같습니다. 주석을 보더라도 주석에 일방적으로 끌려가지 않을 것 같습니다.

김 목사 목회자는 설교 준비를 하기 전에 성경을 보면서 고민하는 시간을 가져야 하네. 고민하는 시간이 많으면 설교를 좀 더 풍성하게 할 수 있네. 성경을 충분히 읽고 묵상한 후에 설교 준비를 한다면 주석이 주인의 자리가 아니라 하인의 자리에 있을 것일세. 이렇게 한다면 주석에 지배당하지 않고 주석을 효과적으로 활용할 수 있네.

> 먼저 본문을 읽고 묵상하면서 최대한 상상력을 사용해 내용을 파악한다. 다른 책을 보기 전 자신의 상상력을 통해 본문을 깊이 들여다보는 것이 중요하다. 그 후 자신이 파악한 내용이 신학적 근거가 있는지 주석을 통해 확인한다. 모든 주석이 자신의 생각을 지지하지 않아도 좋다. 신학자들도 어떤 본문에 대해 일치된 해석과 관점을 갖지 못할 때가 많다. 하나 혹은 두 개의 주석에서 자신의 이해가 올바르다는 근거를 찾았다면 메시지 구성에 필요한 내용을 발견한 것이다.[2]

박 목사 성경 본문을 몇 번 정도 읽어야 하고 주석은 몇 개를 보는 것이 좋습니까?

---

2 권 호, 『최상의 설교』 (아가페출판사, 2023), 167.

> 캠벨 모건(G. Campbell Morgan) 목사는 "나는 설교하러 올라가기 전에 본문을 40번 읽는다"라고 언급한 적이 있다. 하지만, 오늘날 설교자 중에는 본문을 네 번도 읽지 않고 설교하는 사람이 있는가 하면, 주보에 기록하기 위해 본문을 적어는 놓지만 정작 그 본문을 한 번도 읽지 않고 설교하는 사람도 있는 것 같다.[3]

김 목사 그것은 박 목사가 판단하게. 본문에 따라서 더 많이 볼 수도 있고 적게 볼 수도 있다네. 기본적으로 주석은 세 개 이상 보는 것을 추천하네. 성경을 해석하는 데에 주석 간의 차이가 있기 때문일세. 주석을 무조건 많이 보지는 말게나. 주석을 너무 많이 참고하면 길을 잃을 수 있기 때문이네.

> 설교자가 책상 위에서 주석서를 통해서 신뢰할 만한 더 많은 음성을 들을 수 있다면, 그 대화가 더욱 풍요롭고 흥미로운 것이 되리라는 것은 명백한 사실이다. 좋은 주석서는 설교자에게 올바른 방향을 지적해 주고, 본문에 대한 설교자의 그릇된 해석을 제거해 줄 수 있다. 그것은 본문에 관한 필수적인 정보를 제공해 주고, 설교자가 언뜻 보았을 때 발견할 수 없는 본문의 문제점을 드러내 줄 수도 있다.[4]

박 목사 저도 주석 없이 설교하는 목사님을 본 적이 있습니다.

---

3 정 현, 『나의 설교 멘토』(침례신학대학교출판부, 2009), 14–15.
4 주승중, 『성경적 설교의 원리와 실제』(예배와설교아카데미, 2006), 97.

목사님은 주석에 지배되지 말아야 한다고 하셨는데 주석을 안 보고 설교하는 것은 어떻습니까?

김 목사 설교자가 본문을 명확하게 이해하고 있다면 주석을 안 봐도 된다네. 그렇지만 주석을 보지 않으면 개인적 생각이나 상상에 근거한 설교를 할 가능성이 있다는 것을 기억하게. 이런 설교를 강해 설교라고 하기는 어렵네. 성도들이 은혜를 받으면 괜찮다고 생각해서는 안 되네. 목회자는 성경을 바르게 해석하는 데 힘을 써야 하네.

박 목사 주석 없이 설교하는 것의 위험성을 깨닫게 해 주셔서 감사합니다. 설교자에게 좋은 주석이 얼마나 중요한지도 깨달았습니다.

주석 없는 설교를 하다 보니 설교자들이 주로 본문에 대한 개인적 묵상에 근거하여 설교를 만드는 것 같은 인상을 필자는 받는다. 물론, 설교 내용을 보면 본문을 주해하는 듯한 느낌을 받는다. 그러나 자세히 들여다보면 오랫동안 본문과 씨름한 데서 나오는 건전한 주해가 아니라, 독서에서 얻은 첫인상에 근거하거나, 본문의 단편적 자료에 근거한 경우가 많다.
실제로 상당수의 설교자가 본문에 공을 던지고, 자신이 던져서 튀어나오는 공을 받아 설교를 하는 경우를 많이 보게 된다. 물론, 본문에 공이 닿았으니까, 공에 본문의 가루가 묻는 것은 사실이다. 그런 점에서 설교에 은혜를 받는지도 모른다. 그러나 엄밀한 의미에서 이런 설교는 본문의 메시지를 가감 없이 전달하는 것이 아니기에 바람직한 의미에서 '성경적' 설교라고 말하기는 어렵다.[5]

---

[5] 김지찬, "설교에 있어서 주석의 절대적 필요성",「목회와 신학」, 2001년 7월 호, https://moksin.duranno.com/.

김 목사 좋은 주석들이 박 목사의 설교에 큰 도움을 줄 것이네. 오늘 숙제는 한 주 전에 설교 본문을 정하고 성경을 반복해서 읽고 설교문을 작성해 보는 것이네.

> 주석 없는 설교, 이것이 한국 강단을 메우고 있는 설교의 가장 큰 약점이 아닌가 생각한다. 이것은 소위 강해 설교에도 마찬가지이다. 주석이 오히려 설교를 망친다는 이야기를 강해 설교자들 사이에서 더 공공연하게 하고 있는 것은 이를 반증한다. 그러다 보니 구조에 대한 이해나 문예적 해석은 물론하고 가장 기본적인 주석 과정인 문법적, 사전적 주해조차 없는 설교가 강해 설교라는 이름 아래 행해지고 있다. 이런 모습은 종교개혁의 전통을 많이 떠난 것이다.[6]

---

[6] 김지찬, "설교에 있어서 주석의 절대적 필요성", https://moksin.duranno.com/

매년 해야 하는 절기나 행사 설교도 신선하게 할 수 있다

박 목사 매년 돌아오는 절기 설교나 행사 설교가 부담이 됩니다. 이런 설교를 신선하게 하는 방법이 있습니까?

김 목사 해마다 돌아오는 절기 설교와 행사 설교를 신선하게 하는 것은 쉽지 않네. 그 이유는 절기 설교나 행사 설교의 본문과 내용이 거의 정해져 있기 때문이고, 성도들은 절기나 행사 때마다 비슷한 설교를 계속 들어왔기 때문이네.

이런 설교를 신선하게 하는 방법이 있네. 절기 설교와 행사 설교를 준비할 때 이전에 했던 설교는 무조건 보지 말게. 이전 설교를 보지 않고 설교 준비를 해야 하네. 그러면 본문이 같아도 다른 설교를 할 수 있네. 본문이 같다고 해서 같은 설교가 나오는 것은 아니네. 물론, 같은 본문으로 설교할 때 본문의 해석은 비슷할 수 있지만, 설교는 본문 해석만으로 이루어지지 않네.

박 목사 그럴 것 같습니다. 1년 전의 설교자와 1년 후의 설교자는 같지 않을 것입니다. 그리고 1년 전의 교회와 1년 후의 교회도 같지 않을 것입니다. 만약에 이전 설교를 보지 않고 본문과 씨름하면서 설교 준비를 한다면 이전과 비슷한 내용도 있겠지만 설교는 똑같지 않을 것입니다.

김 목사 1년이라는 시간은 사람을 다르게 만드네. 1년 동안 책, 인터넷, 신문 등을 통해 얻은 새로운 정보로 인해 지식이 축적되었을 것이네. 또한, 1년 동안 다양한 경험도 했을 것이네. 1년 전과 같은 사람이라고 할 수는 없네. 좋은 책 한 권만 읽어도 읽기 전과 후의 사람이 다르다고 하네. 자신은 1년 전과 똑같다고 생각할지 모르지만, 엄밀히 말하면 같은 사람이라고 볼 수 없네. 그래서 본문이 같다고 해서 똑같은 설교가 나올 수는 없네.

박 목사 1년 전의 저와 지금의 저는 다른 사람이라는 말에 동의가 됩니다. 사실 자기 외모는 매일 거울로 봐서 느끼지 못하지만, 다른 사람을 1년 만에 만나면 변한 것을 금방 알 수 있기 때문입니다.
목사님은 절기 설교를 어떻게 하시는지 궁금합니다.

김 목사 나는 담임목사가 되고 3년 정도 흐른 후에 절기 설교가 부담이 되기 시작했네. 그래서 다른 목회자들의 설교집에서 절기 설교를 보고 많이 참고했네. 그대로 베끼지는 않았지만, 영향을 많이 받은 것은 사실이네.
예를 들어, 부활주일 설교를 생각해 보게. 부활주일 설교는 뻔하지 않은가.

"예수님이 역사 속에서 부활하셨고 우리도 부활할 것입니다. 부활의 소망을 가집시다."

대부분 부활절 설교는 이런 식일 것이라고 생각하네. 다른 목회자들의 부활절 설교에서 다른 점을 찾았고 그것을 내 설교에 사용하기도 했네. 그런데 이제는 그렇게 하지 않네. 절기나 행사 때는 다른 목회자의 설교나 전에 했던 설교를 보지 않고 설교 준비를 하고 있네.

박 목사 신선하게 설교하려면 이전에 했던 설교를 일단 보지 말아야 하는군요. 이것만으로 신선한 설교를 하기는 어려울 것 같습니다.

김 목사 이전에 했던 설교문을 보지 않는 것만으로는 신선한 설교를 하기가 어려울 수 있네. 신선한 설교를 위해 가장 중요한 것은 미리 설교 준비를 하는 것이네. 가능하면 2-3주 전에 준비하는 것을 추천하네. 빨리 준비할수록 신선하게 설교할 가능성이 커지네. 미리 준비하는 것과 신선한 설교를 하는 것 사이에는 분명한 상관관계가 있네. 이유는 시간적 여유가 있으면 다양한 생각을 할 수 있기 때문이지.

예를 들어, 추수감사주일이 다가온다고 생각해 보세. 추수감사주일의 설교 본문은 정해져 있네. 추수감사주일의 핵심은 감사가 아닌가. 2-3주 전에 미리 준비하면 감사에 대해 다양한 생각을 할 수 있네.

'사람들은 왜 하나님께 감사하지 못할까?'
'오늘날 사람들은 감사에 대해 어떻게 생각할까?'
'감사를 하게 되면 어떤 일이 일어나는가?'

'믿지 않는 사람들은 어떤 감사를 할까?'
'감사를 못하는 사람들은 어떤 사람들인가?'
'하나님은 왜 감사를 하라고 하시는가?'

이런 다양한 질문을 하면서 감사에 대해 깊이 생각할 수 있지. 이 질문에 답을 주는 책을 구입하여 읽어 볼 수도 있네. 시간적 여유가 있기에 가능한 일이네. 이렇게 하면 이전과 같은 설교를 할 가능성은 줄어들겠지.

박 목사 목사님의 말씀에 공감이 갑니다. 미리 준비하면 다양한 자료를 찾을 수 있고 1년 전보다 더 깊고 풍성한 설교를 할 수 있을 것 같습니다.

김 목사 나의 경우를 이야기해 보겠네. 어느 해 맥추감사주일을 한 달여 앞두고 성경 묵상을 했네. 누가복음 17장 전체를 묵상하면서 11-19절을 통해 믿음과 감사에 관한 의미 있는 관계를 깨닫게 되었네. 맥추감사주일의 설교 본문으로 이 구절을 선택했네. 이전에도 이 구절로 감사절 설교를 두 번이나 했었네. 설교문을 작성한 후에 이전의 설교 두 편을 보았는데 많이 달랐네. 초점도 달랐고 예화도 달랐으며 서론도 달랐네. 제목도 달랐네. 완전히 다른 설교였네.

맥추감사주일에 자신 있게 설교할 수 있었네. 내가 한 달 전에 이 구절을 묵상하지 않았다면 맥추감사주일 설교의 본문을 정하는 데 어려움이 있었을 것 같네.

박 목사 미리 준비해도 성경 묵상을 하지 못한다면 신선한 설교를 하기 어려울 것 같습니다.

김 목사 평소에 성경 묵상을 하고 있다면 별문제가 되지 않을 것일세. 평소에 성경 묵상을 꾸준히 하고 있다면 이럴 때 큰 도움이 되네.

박 목사 신선한 설교를 하기 위해 특별한 비법은 없군요. 미리 준비하고 평소에 성경 묵상을 한다는 것도 쉽지 않을 것 같습니다.
　오늘 숙제는 무엇입니까?

김 목사 오늘 숙제는 다가오는 교회 설립 주일 설교를 미리 준비해 보게. 박 목사 교회는 한 달 정도 남았다고 박 목사한테 들은 기억이 나네. 지금부터 본문을 정하고 설교 준비를 조금씩 해 보게.

설교는 영적 전쟁이기 때문에
기도가 필요하다

박 목사 저는 매주 설교하기 전에 기도하고 있습니다. 그런데 늘 기도가 부족하다는 생각이 듭니다.
　설교자는 어떻게 기도해야 합니까?

김 목사 박 목사만 그런 것이 아니네. 기도가 충분하다고 생각하는 목회자는 없을 것일세. 박 목사는 설교를 위해서 어떻게 기도하고 있는지 말해 보게.

박 목사 저는 주로 새벽기도회 때 주일 설교를 위해 기도하고 있습니다. 새벽기도회 전에 새벽기도실에 가서 기도하고, 새벽기도 후에 성도들이 다 떠날 때까지 기도합니다.
　목사님은 어떻게 기도하십니까?

김 목사 목회자가 주일 설교를 위해서 오랜 시간 기도하는 것도 중요하지만 무엇을 기도하고 있는지가 더 중요하네. 나도 박 목사처럼 주일 설교를 위해 새벽에 주로 기도한다네. 새벽기도회를 시작하기 전에는 성도들과 새벽기도회 설교를 위해 기도하네. 15분의 짧은 말씀이지만 성도들에게 살아갈 힘과 용기를 주는 말씀이 되게 해 달라는 기도를 한다네. 새벽에 교회에 와서 말씀을 듣는 성도들도 있지만, 집에서 새벽기도회 카톡방에서 음성 파일을 통해 듣는 성도들도 많기에 새벽 설교를 위해 간절히 기도한다네. 새벽기도회 후에는 성도들과 가족들 그리고 주일 설교를 위해 기도하네.

박 목사 저는 새벽에 참석하는 성도들이 적어서 그런지 새벽 설교보다는 주일 설교를 위해서 기도하고 있습니다. 새벽 설교를 위해서도 더 기도해야겠습니다.

김 목사 새벽기도회에 성도들이 얼마나 참석하는지에 상관없이 새벽 설교는 중요하네. 왜냐하면, 새벽 설교가 말씀을 듣는 성도들이 하루를 사는 데 도움이 될 수 있기 때문일세.

어느 날 한 성도에게서 문자가 왔다네. 새벽 말씀을 집에서 듣고 출근했는데 그 말씀이 직장에서 크게 도움이 되었다고 하더군. 그날 새벽에 "너희 염려를 주께 맡기라 이는 그가 너희를 돌보심이라"(벧전 5:7)라는 말씀을 전했네. 그 성도는 직장에서 어려운 일을 맡았는데 아침의 말씀이 떠올라서 책상에서 잠시 기도하며 하나님께 지혜를 구했다고 했네. 기도 후에 좋은 아이디어가 떠올라서 일을 잘 처리할 수 있었다고 했네.

박 목사도 새벽기도회 설교를 위해 간절히 기도하게. 꼭 기도 먼저 하고 말씀을 전하도록 하게.

> 사도들이 리더십을 발휘할 때 기도의 역할을 자랑스럽게 여기는 것은 놀라운 일이 아니다. 그들은 자신들의 주된 책임이 "오로지 기도하는 일과 말씀 사역에 힘쓰는"(행 6:4) 것임을 안다. 순서에 주목하라. 첫째가 기도이고, 다음이 말씀 사역이다.[1]

박 목사 목사님의 말씀을 통하여 새벽 설교가 성도들에게 생명의 양식이 될 수 있음을 깨달았습니다. 말씀 앞에 기도가 먼저 와야 한다는 말씀도 모르는 바가 아니었지만 새롭게 도전이 됩니다.

앞으로 이 순서를 바꾸지 말아야겠습니다. 설교를 위해 기도하는 것은 설교자라면 다 아는 것입니다. 이 순서는 성경적으로 더 깊은 의미가 있을 것 같은 생각이 듭니다.

김 목사 설교는 영적 전쟁이네. 영적 전쟁에서 중요한 게 검이 아닌가. "성령의 검 곧 하나님의 말씀을 가지라"(엡 6:17)라는 말씀에서 보듯 설교는 검을 휘두르는 것이네. 성도들의 마음속에 있는 죄와 우상들에게 검을 휘두르는 것이니 얼마나 정교해야 하겠는가. 이것이 과연 사람의 힘으로 가능하겠는가.

성령의 도우심이 절대적으로 필요한 것이네. 설교를 열심히 준비하는 것으로는 부족하네. 영적 전쟁에서 승리하기 위하여 기도가 필요한 것이네.

---

1 가이 M. 리처드, 『끈질긴 기도』, 유정희 옮김 (생명의말씀사, 2022), 86.

> 기도는 필수다. 우리가 기도해야 하는 이유는 영적 전투 중이기 때문이다. 설교단에 올라서면서, 우리는 자신이 하는 일이 여느 강연자가 하는 일과 다름을 자각한다. 우리는 하나님 말씀을 전한다. 그러나 대적은 그것을 원치 않는다. 대적은 우리에게 능력이 없기를 원한다. 우리가 설교를 통해 하나님의 권능을 드러내지 않기를 원한다. 우리의 설교는 기도에 푹 잠긴 것이어야 한다.[2]

박 목사 제가 사탄을 이길 수 없으니 하나님께서 개입해 주시기를 구하는 것이 필요한 것 같습니다.

김 목사 기도하지 않고 말씀을 전하는 것은 인본주의적인 생각이네. 나는 주일 설교를 위해서 기도할 때 믿음이 없는 자에게 믿음을 주시고, 믿음이 약한 자에게 믿음을 강화하는 말씀이 되도록 해 달라고 자주 구하네.

"믿음은 들음에서 나며 들음은 그리스도의 말씀으로 말미암았느니라"(롬 10:17)라고 하나님께서 말씀하셨기 때문이네.

박 목사 설교가 성도들에게 믿음을 심고 강화하는 역할을 한다는 말씀을 들으니 기도에 더 힘을 써야 할 것 같습니다. 설교 준비도 중요하지만, 기도도 정말 중요함을 깨닫습니다.

---

2   스콧 M. 깁슨, 『목회자가 꼭 알아야 할 설교 포인트 55』, 김태곤 옮김 (아가페출판사, 2022), 32-33.

> 아무리 말씀 중심으로 철저하게 준비했어도 내가 설교를 통해 역사를 일으켜 보겠다고 하면 성령님이 이끄실 수가 없다. 따라서 설교를 준비하고 전하려면 기도가 뒷받침되어야 한다.[3]

김 목사 우리가 설교 준비를 아무리 완벽하게 한다고 해도 우리의 설교가 사람을 변화시킬 수 없다네. 영혼을 변화시키고 살리는 일은 하나님께서 하시는 일이네. 말씀을 듣는 성도들을 하나님께 맡겨야 하네.

나는 담임목사가 되고 난 후 오랫동안 착각했었네. 설교 준비와 설교만 잘하면 사람들이 변화될 줄로 알았네. 그게 아니었다는 것을 나중에야 깨달았네. 그 후로부터 설교 준비에 대한 부담이 많이 줄어들었네.

박 목사 저는 아직 설교 준비에 부담이 많은 것을 보니 제가 사람을 변화시키려고 하는 것 같습니다. 설교 준비도 중요하지만, 기도가 정말 중요하다는 것을 다시 한번 깨달았습니다.

오늘은 숙제가 무엇입니까?

김 목사 새벽기도회 앞과 뒤에 기도 제목을 나누어서 기도하는 것이네. 앞에는 새벽기도회 설교를 위해서, 뒤에는 성도들과 주일 설교를 위해서 기도해 보게.

---

3 김형근, 『미래 목회 성장 리포트』 (두란노, 2022), 70.

설교 원고에 매이고 싶지 않다면 설교 리허설을 하라

박 목사 설교할 때 청중을 봐야 하는데 자꾸 설교 원고를 보게 됩니다. 설교 원고에 매이지 않고 설교하는 분들을 보면 부럽습니다.
설교 원고에 매이지 않고 설교하는 방법은 무엇입니까?

김 목사 나도 예전에 박 목사와 같은 생각을 했었다네. 미국에서 원고 없이 설교하는 목회자들을 보면서 '나도 저렇게 설교하고 싶다'라는 생각을 했었네. 어떻게 해야 하는지 몰라서 그냥 원고에 매여서 오랫동안 설교했었네.
박 목사는 원고에 매이지 않는 설교가 왜 필요하다고 생각하는가?

박 목사 원고에 매이면 경직되어서 설교할 때 자유로움이 없습니다. 청중과 호흡하는 것도 어렵습니다. 청중이 어떻게 듣는지 살피지 않고 목회자의 일방적인 선포가 될 가능성이 있습니다. 그래서 원고에 매이지 않는 설교가 필요하다고 생각합니다.

김 목사 박 목사의 말이 맞네. 원고에 너무 매이게 되면 청중과 자연스러운 소통이 어려워지네. 설교의 강약 조절도 어렵고 속도 조절도 어렵네. 유명한 강연자들을 보면 한결같이 청중을 바라보면서 강연하지 않는가. 설교자라면 이런 강연을 보면서 도전을 받아야 하네.

박 목사 목사님은 강단에 설교 원고를 갖고 올라가십니까?

김 목사 나는 설교 원고를 갖고 올라가네. 그렇지만 설교할 때 원고에 매이지는 않네. 설교할 때는 가끔 원고를 보지만 주로 청중을 바라보면서 설교하고 있네.

나도 한때는 원고 없이 강단에 올라갔었네. 미국의 목회자들처럼 강단 앞으로 나와서 하는 설교를 7개월 정도 했었네.

박 목사 강단 앞으로 나와서 설교하는 미국 목회자들의 모습을 저도 본 적이 있습니다.

그렇게 하신 이유가 있습니까?

김 목사 유학 간 지 얼마 되지 않은 어느 토요일 저녁에 찰스 스탠리 목사님의 설교 영상을 기독교 방송에서 보았네. 그때 스탠리 목사님의 설교에 매료되었네. 이 목사님은 성경만을 들고 설교를 약 50분 정도 하셨네. 설교 원고라는 것이 없었네. 청중이 이 목사님의 설교에 완전히 몰입하는 것 같았네. 나는 토요일 저녁마다 이 목사님의 설교 영상을 보았네. '나도 언젠가 찰스 스탠리 목사님처럼 설교하겠다'라고 생각했네. 이 결심을 한 지 19년 만에, 한국에서 목회한 지 8년 정도 지났을 때 시도하였네. 더 미루면 못할 것 같다고 생각했기 때문이네.

박 목사 강단 앞으로 나와서 설교를 하실 때 어떠하셨는지 궁금합니다.

김 목사 나는 강단 앞으로 나와서 원고 없이 설교하면 설교에 능력이 부어질 것이라고 생각했었네. 그런데 막상 강단 앞으로 나가서 설교하는데 생각지 못했던 문제들이 발생했네.

먼저, 무선 마이크가 유선 마이크의 성능을 따라가지 못한 것이 문제가 되었네. 청중은 내 목소리가 깨끗하게 들리지 않는다고 불평했네. 무선 마이크를 다른 것으로 바꾸어 봤네. 역시 개선이 안 되었다네. 방송 장비가 좋지 못했기 때문이었네. 방송 장비를 바꾸려면 많은 돈이 들어가야 했기에 장비 교체를 하지 못했네.

다른 문제는 성도들이 설교를 들을 때 불안감을 느꼈다는 것이네. '혹시 목사님이 외운 것을 잊어버리면 어떡하나'라는 걱정을 했다고 하네. 결국 7개월 후 이전처럼 강단으로 돌아와서 설교했네.

박 목사 매주 설교 원고를 암기하는 것이 쉽지 않을 것 같습니다. 구체적으로 어떤 어려움이 있었는지 궁금합니다.

김 목사 박 목사 말대로 설교 원고를 암기하는 것이 힘들었네. 그 당시 설교 준비가 토요일 저녁 7-8시에 끝났었네. 그때 설교 원고는 A4 열 장이었네. 저녁 7-8시부터 설교 원고를 외우기 시작했네. 자정까지 외우고, 주일 새벽 4시부터 8시 30분까지 외웠네. 총 여덟 시간 이상을 외운 것이네.

설교 원고를 외울 때 가장 힘들었던 것은 성경 구절이었네. 설교문에 성경 구절이 10절 정도가 들어 있었네. 설교할 때 성경 구절들을 인용하지 않는가. 그 성경 구절 10절을 외우는 것이 가장 힘들었네.

박 목사 저도 성경 암송을 가끔 하는데 힘듭니다. 외우면 금방 잊어버립니다. 성경 언어가 우리가 평소에 사용하는 일상 언어와 다르다 보니 정확하게 외우기가 힘든 것 같습니다. 목사님께서 매주 10절 이상을 암송하셨다니, 그 고통을 어느 정도 짐작할 수 있습니다.

김 목사 마이크 문제도 계속되었고 성도들이 설교를 듣는 데 어려움도 있고 나도 힘들어서 7개월 만에 강단으로 돌아갔네. 이때 약간 쑥스럽기도 했네. 힘차게 시작했다가 7개월 만에 포기해 버렸기 때문이네. 그런데 이 실패의 경험이 그 후에 엄청나게 도움이 되고 있다네.

박 목사 어떤 것을 배우셨습니까?

김 목사 첫째, 원고 없이 설교하는 것이 중요한 것이 아니라 청중이 명쾌하게 들을 수 있는 설교를 하는 것이 중요하다는 것을 깨달았네.

둘째, 설교의 부족한 부분을 채우기 위해 설교 리허설이 필요하다는 것을 깨달았네. 설교 리허설은 설교 원고를 입으로 반복해서 말하는 것이기에 설교의 부족한 부분을 찾고 새롭게 수정하는 데 큰 도움이 되었네. 이렇게 할 때 설교를 더 명쾌하게 할 수 있네.

> 입으로 말하면서 하는 생각이든 무슨 생각이든 대충 정리가 되면 다른 사람에게 말로 옮겨 이야기를 해 봐야 한다. 이야기가 진행되는 동안 참으로 놀라운 일이 머릿속에 일어난다. 미처 생각도 못했던 기발한 아이디어가 말하는 동안 연쇄적으로 일어난다. 이것은 강의나 강연을 해 본 사람이면 누구나 경험하는 일이다.[1]

박 목사 오늘 목사님을 통해서 원고 없는 설교가 중요한 것이 아니라 명쾌하게 설교하는 것이 중요하다는 것을 배웠습니다. 또한, 이를 위해서 설교 리허설이 필요하다는 것을 배웠습니다. 설교 리허설은 어떻게 하시는지 조금 더 상세하게 알려 주세요.

김 목사 1부 예배를 9시에 시작하는데, 나는 교회에 6시쯤에 나온다네. 일단 원고를 줄 그으면서 두 번 읽고, 7시부터 8시 35분까지 입으로 반복해서 읽는다네. 암기하기 위함이 아니라 입에 익숙하도

---

[1] 이시형, 『엄마, 그렇게 키워선 안 됩니다』 (풀잎, 2014), 240.

록 하기 위함이네. 이렇게 하면 말하는 것이 자연스러워진다네. 글로 쓴 원고는 설교 전에 반드시 입으로 말해 봐야 한다네. 원고를 쓸 때는 말이 되는 것 같았는데 막상 말해 보면 말이 안 되는 것들을 발견한다네.

> 글씨를 쓰는 것과 읽는 것은 뇌의 입장에서 보면 참 다른 일이라는 것을 알 수 있습니다. 이 두 가지는 완전히 다른 프로세스로 진행되는 것이지요. 내가 방금 쓴 글이라도, 그것을 읽는 것은 뇌가 새로운 일을 하는 것입니다.[2]

박 목사 오늘 숙제는 무엇입니까?

김 목사 오늘 숙제는 설교하기 전에 리허설을 하는 것이네. 이번 주일부터 꼭 해 보게.

---

2 박용철, 『감정은 습관이다』(유노책주, 2023), 5장: 감정을 잘 조절하면 내 삶의 무기가 됩니다, 전자책.

제3부

설교 구성

❶ 중심 사상이 있는 설교는 기억하기 쉽다

❷ 본론은 잘 들리도록 논리적으로 구성해야 한다

❸ 좋은 예화는 설교에 더 공감하게 한다

❹ 청중은 스스로 적용을 잘하지 못한다

❺ 설교의 서론, 결론은 비행기의 이륙, 착륙과 비슷하다

❻ 좋은 설교 제목은 설교를 기대하게 만든다

❼ 성경의 다양한 주제를 설교로 다루어야 한다

❽ 설교할 때 이 세 가지는 피하는 것이 좋다

❾ 시리즈 설교로 성경의 주제들을 충분히 설명할 수 있다

❿ 시리즈 설교는 두 가지 방식으로 만들 수 있다

중심 사상이 있는 설교는 기억하기 쉽다

박 목사 지난번에 강해 설교를 말씀하실 때 중요한 것이 중심 사상이라고 하셨는데, 중심 사상이 왜 필요한지요?

김 목사 중심 사상이 있으면 설교가 잘 들린다네. 설교를 잘 들리게 하는 데 필요한 것이 중심 사상(중심 메시지)이라네.

> 아무리 열심히 들어도 들리지 않는 설교가 있다. 이런 설교를 들을 때 성도들은 종종 이렇게 말한다.
> "우리 목사님은 설교할 때 보면 아시는 것은 많은 것 같고 또 뭔가 열심히 전달하시는데, 도대체 무슨 말인지 모르겠어."
> 간단히 말하면, 설교의 핵심이 뭔지 모르겠다는 이야기다. 이런 설교의 공통점은 설교의 핵심인 '중심 메시지'가 없다는 것이다.[1]

---

[1] 권 호, 『최상의 설교』(아가페출판사, 2023), 58.

박 목사 저는 설교를 열심히 준비해서 전하면 청중은 잘 들을 줄로 생각했습니다. 그렇지 않다는 말씀이네요.

김 목사 많은 설교자가 설교만 열심히 하면 성도들이 잘 듣고 말씀에 순종할 것으로 생각한다네. 어떤 목회자는 많은 것을 전해 주고 싶어서 설교할 때 많은 것을 한꺼번에 쏟아 놓는다네. 설교를 듣는 청중은 이 모든 것을 들을 수 없다네.

박 목사 저도 다른 목회자의 설교에서 뭔가를 많이 들었는데 나중에 무엇을 들었는지 알 수 없었던 적이 있습니다. 목사도 이런데 성도들은 오죽하겠습니까.

김 목사 목회자들은 역지사지해야 한다네. 듣는 자의 입장을 생각하지 않고 전하는 자의 입장에서만 생각하면 순종하지 못한다고 청중을 탓하기 쉽다네. 물론, 말씀을 잘 전한다고 해도 듣는 자가 믿음으로 받지 않는다면 변화는 일어나지 않을 것이네. 설교자는 청중의 입장에서 자신의 설교가 잘 들리는지를 자주 살피는 것이 필요하네.

박 목사 어떻게 중심 사상을 만들 수 있습니까?

김 목사 설교의 중심 사상이 무엇인지를 알아야 하네. 중심 사상을 알기 위해서는 강해 설교의 대가인 해돈 로빈슨의 설명을 듣는 것이 필요하네. 해돈 로빈슨은 설교에서 중심 사상은 주제(subject)와 보어(complement)로 구성된다고 가르쳤네. 주제는 그 자체로 역할을 하지 않고, 반드시 보어가 있어야 하네. 보어는 주제를 도와 의미를 완성하네.

해돈 로빈슨은 시편 117편을 가지고 설명하였네.

"너희 모든 나라들아 여호와를 찬양하며 너희 모든 백성들아 그를 찬송할지어다 우리에게 향하신 여호와의 인자하심이 크시고 여호와의 진실하심이 영원함이로다 할렐루야"(시 117:1-2).

이 시편 117편의 주제는 찬양이라고 생각하기 쉽다네. 그러나 찬양이라는 말은 무엇을 말하는지 알기 힘들다네. 해돈 로빈슨은 이 시편의 주제를 "왜 모든 사람이 하나님을 찬양해야 하는가"라고 하고서는 본문이 두 가지 보어를 갖고 있다고 했네. 하나는 그의 사랑(인자하심)이 크기 때문이고, 또 하나는 그의 진실하심이 영원하기 때문이라고 했네. 주제와 보어를 묶으면 중심 사상이 되는 것이라네.

"주님을 찬양해야 하는 이유는 그의 사랑이 크기 때문이고 그의 진실하심이 영원하기 때문이다."[2]

설교에서 중심 사상은 설교를 이해하는 데 필수적인 것이며, 시대를 초월한 보편 원리여야 한다네. 설교자의 개인적인 주장이 아니라 어느 시대에나 통하는 보편 진리여야 하는 것이네.

> 설교는 본문에 근거해야 하므로 설교 주제는 당연히 본문 주제에 근거해야 합니다. 그러나 본문 주제에는 본문이 기록된 시대의 역사적이고 문화적인 정황이 포함되어 있습니다. 특정 시대와 문화를 반영하는 요소는 본문 주제를 그대

---

2 해돈 로빈슨, 『강해 설교』, 박영호 옮김 (CLC, 2016), 48.

> 로 이 시대 청중에게 연결하는 것을 불가능하게 만듭니다. 따라서 설교자는 본문 주제가 반영하는 특수한 문화와 시대를 넘어서는 보편 원리를 끌어내야 합니다. 본문 주제에서 도출한 보편 원리야말로 모든 시대, 모든 문화에 속한 사람들에게 적용할 수 있는 메시지입니다.[3]

박 목사 하나만 더 예를 들어 주시면 좋겠습니다. 목사님이 하신 설교를 통하여 설명해 주시면 이해가 쉬울 것 같습니다.

김 목사 나는 창세기 45장 1-15절을 본문으로 설교한 적이 있네. 이 본문에서 나는 요셉을 통해 그리스도인이 가질 수 있는 인생관을 설교하기로 했네. 나는 설교의 서론에서 그리스도인의 인생관은 비그리스도인과 다르다는 것을 주장했네.

두 개의 대지(개요)에 다른 관점을 소개했네. 첫째 대지에서는 "그리스도인의 인생관은 하나님의 관점으로 삶을 보게 한다"라고 했고, 둘째 대지에서는 "그리스도인의 인생관은 하나님의 뜻이 이루어지도록 순종하게 한다"라고 했네.

이 설교의 중심 사상은 "그리스도인의 인생관은 하나님의 관점으로 자기 삶을 보게 하며 하나님의 뜻이 이루어지도록 순종하게 한다"라고 할 수 있네.

---

[3] 조광현, 『질문과 함께 배우는 설교』(복있는사람, 2022), 54.

> 설교의 중심 사상을 말할 때 주제는 한 단어일 수가 없다. 예를 들어, '사랑, 섬김, 찬양' 같은 단어는 주제일 수가 없다. 왜냐하면, 이것은 너무 추상적이고 그 의미가 불분명하기 때문이다. 그러므로 설교에서 주제는 혼자서 존재할 수 없다. 이것만으로는 불완전하므로 보어가 필요하다. 여기서 보어는 '내가 이야기하고 있는 그것(주제)에 대해 나는 정확히 무엇을 말하고 있는가?'(What am I saying about what I am talking about?)라는 질문에 대한 답을 의미한다. 그래서 보어는 주제를 완성해 준다. 그러므로 설교의 중심 사상이란 이렇게 주제와 그것을 설명해 주는 보어로 이루어진다.[4]

박 목사 중심 사상을 들으니 설교가 선명해지는 것 같습니다. 설교할 때 중심 사상을 반복해서 전한다면 청중은 설교의 메시지를 분명하게 이해하고 기억할 것 같습니다.

그렇다면 중심 사상을 설교의 어느 곳에 배치하는 것이 좋을까요?

김 목사 중심 사상은 설교 전체에 골고루 배치해야 하네. 서론에서 중심 사상을 대략적으로 언급하는 것이 필요하고, 각 대지에서 그 주제를 보완하는 주장들을 배치해야 하네. 결론에서 중심 사상 전체를 정리해서 성도들이 분명하게 알도록 각인시키는 역할이 필요하네.

설교 제목에도 중심 사상이 녹아 있으면 성도들이 기억하는 데 훨씬 좋다네. 조금 전에 창세기 45장 1-15절을 설교한 적이 있다고 했는데, 그때 나는 〈그리스도인만이 가질 수 있는 인생관〉을 설교 제

---

[4] 주승중, 『성경적 설교의 원리와 실제』(예배와설교아카데미, 2006), 40.

목으로 했다네. 설교의 제목과 서론, 본론 그리고 결론이 서로 연관이 되어 있네. 중심 사상은 제목과 서론, 본론 그리고 결론으로 계속 연결된다고 보면 된다네.

박 목사 중심 사상이 강해 설교에서 얼마나 중요한지를 알았습니다. 중심 사상이 있는 설교와 그렇지 않은 설교의 차이를 좀 더 설명해 주세요.

김 목사 어떤 사람은 중심 사상이 있는 설교와 없는 설교의 차이를 공 던지기로 설명하였네. 한 사람에게 공을 여러 개 던지는 것과 한 개의 공을 던지는 것의 차이라는 것이지. 한 사람에게 여러 개의 공을 던지면 받을 수 없지 않은가. 한 사람에게 한 개의 공을 던져야 받을 수 있네.

마찬가지로 중심 사상이 있을 때 성도들은 하나의 핵심 메시지를 듣기 때문에 설교를 이해하기 쉽고 기억하기도 쉽네. 설교자는 성경 본문을 해석한 것으로 만족하지 말고 중심 사상을 찾기 위해 애를 써야 하네. 중심 사상을 찾지 못했다면 설교 준비는 끝난 것이 아니네.

오늘 박 목사에게 줄 숙제는 주일 설교에서 중심 사상을 분명하게 하고 설교하는 것이네.

본론은 잘 들리도록 논리적으로 구성해야 한다

박 목사 설교문을 작성할 때 제일 중요한 것이 본론 작성이라고 생각합니다.
목사님은 본론을 어떻게 작성하십니까?

김 목사 설교에서 서론도 결론도 중요하지만, 제일 중요한 것은 본론일세. 본론을 어떻게 구성하는가에 따라서 설교가 잘 들릴 수도 있고 안 들릴 수도 있기 때문이네. 본론이 잘 들리도록 논리적으로 구성해야 하네.
박 목사는 본론을 구성할 때 대지를 몇 개로 구성하는가?

설교가 들리지 않는 이유
그 해답은 오히려 설교 회중인 성도들에게 물어보면 쉽게 찾을 수 있다. 말씀의 깊이나 내용에 대한 부분을 제외하면 그들의 대답은 다음 몇 가지로 요약된다. 무슨 말을 하는지 이해하기 어렵고, 중언부언하거나, 지루하고, 감동이 없는 형식적 설교가 문제라는 것이다.

내가 발견한 설교자들의 가장 큰 문제점 또한 회중의 진단과 다르지 않다. 설교의 문제는 설교자의 인품이나 신뢰성 등 필자가 쉽게 판단할 수 없는 부분을 제외하면 대부분 주제와 소재, 구성과 논리, 공감과 표현 등에 원인이 있다.[1]

박 목사 저는 주로 3대지(하나의 주제 메시지를 전하기 위해 세 개의 대지, 즉 개요로 나누어 설명하는 방식으로 흔히 '첫째, 둘째, 셋째'라는 연결어로 구성됨)를 사용합니다. 어떤 목회자들은 3대지 설교는 구식이라고 합니다. 이제는 대지가 없는 설교를 해야 한다고 말합니다.

3대지 설교를 하면 안 됩니까?

3대지는 아주 흔하게 사용되는 설교 형식 가운데 하나다. 가장 많이 사용된다고 해도 과언은 아닐 것이다. 정확한 통계를 낼 수는 없지만, 한국 설교자 사이에 가장 빈번하게 사용되는 형식임은 분명해 보인다. 설교 하면 으레 3대지를 떠올리는 이들도 있고, 거의 매 주일 예외 없이 3대지로 설교하는 이도 상당수다. 그럼에도 3대지 설교는 자주 천덕꾸러기 취급을 받는다. 현장보다 특히 이론 세계에서 그러한데, 상당수 설교 이론가들에게 3대지 설교는 한물간 구식이다. 내러티브 설교, 원포인트 설교 등 새로운 설교 형식을 주장할 때면 어김없이 극복해야 할 구식으로 3대지가 지목된다.[2]

김 목사 3대지냐 대지 없는 것이냐가 중요한 것이 아니네. 중요한 것은 강해 설교를 하는 것이네.

---

[1] 김연종, "들리는 설교 vs. 들리지 않는 설교", 「목회와 신학」, 2013년 1월 호, 62.
[2] 채경락, 『쉬운 설교』(생명의양식, 2019), 13.

과거에 많은 목회자가 제목 설교를 했고 주로 3대지 설교를 했네. 그 3대지가 본문과 관련 없는 경우가 많았네. 그렇기 때문에 3대지에 대한 부정적인 생각이 많은 것이네.

3대지도 유익이 있고 2대지도 유익이 있다네. 중요한 것은 대지를 어떻게 구성하는가일세.

박 목사 3대지 설교가 문제가 아니라는 말씀에 위로가 됩니다. 왜냐하면, 저도 3대지 설교를 하기 때문입니다.

그럼 대지를 어떻게 작성해야 합니까?

김 목사 나는 각 대지를 구성할 때 본문 설명, 예화 그리고 적용을 순서대로 넣는다네.

대지를 시작하면 먼저 본문이 어떤 뜻인지를 설명한다네. 본문을 잘 이해할 수 있는 예화를 설명 다음에 배치한다네. 만약 예화를 찾지 못하면 본문을 이해하는 데 도움이 되는 자료들을 배치하네. 신문이나 책을 통해서 얻은 자료, 특히 통계 자료나 설문 조사 같은 자료들을 자주 활용한다네. 이런 자료는 예화와 함께 사용하기도 한다네. 적용은 예화 이후에 한다네. 적용은 나중에 좀 더 상세하게 설명하겠네.

최상의 설교가 되려면 네 가지 기능적 설교 요소(설명, 예화, 적용, 전환 문장)가 잘 연합해야 한다. 설교자의 개인적 특성과 교회의 설교 전통에 따라 기능적 요소의 비율에는 차이가 있을 수 있다. 그러나 청중이 다양하게 성경의 진리를

> 경험하는 설교가 되려면, 이 네 가지 설교의 핵심 요소가 균형 있게 구성되어야 한다.³

박 목사 본론의 본문 설명, 예화 그리고 적용은 어떻게 배분해야 하는지요?

본문 설명을 얼마나 해야 하고 예화나 적용을 어느 정도 해야 하는지를 잘 모르겠습니다.

균형 있게 본문 설명 33퍼센트, 예화 33퍼센트, 적용 33퍼센트로 하는 것이 좋습니까?

김 목사 그것은 박 목사가 결정하면 되네. 균등 배분은 적절하지 않네. 그렇다면 본문을 충분히 설명하지 못할 가능성이 있네. 본문을 충분히 설명하지 못한다면 설교는 적용 중심으로 갈 수 있다네. 그렇게 되면 본문에서 중심 사상이 나오는 강해 설교가 될 수 없네.

나는 60퍼센트 정도를 본문 설명에 할애하고, 나머지 40퍼센트 정도를 예화와 본문과 관련된 자료 그리고 적용에 할애한다네. 만약 적용이 좀 더 필요하다면 적용에 좀 더 비중을 두면 될 것이네. 설교에 따라서 비율 조정은 자유롭게 하게나.

설명은 정신을 준비시켜 주며, 예증은 마음을, 그리고 적용은 하나님께 복종하겠다는 의지를 마련해 준다고 생각하는 것이 유익하다. 이때 설교자들은 설명과 예증과 적용을 적절히 배분해서 균형을 맞춰야 한다. 예를 들어, 전체 설교

---

3 임도균, 『최상의 설교』(아가페출판사, 2023), 39-40.

> 의 4분의 3을 설명으로, 나머지 4분의 1을 예증으로 배정하고, 적용은 단 하나의 문장으로 끝내는 설교(표준적인 신학교의 설교) 혹은 설명을 한 문장으로 줄이고, 4분의 3을 예증으로, 그리고 4분의 1을 적용으로 배정하는 설교(대중적인 방송 설교)는 균형 잡힌 설교라 할 수 없다. (중략)
> 설교를 하는 데 있어서 구성 요소들의 비율을 결정하는 규칙은 없다. 설교의 본문, 주제, 목적, 설교자의 재능, 설교 대상, 상황, 회중의 구성, 그리고 한 가지 사상을 이야기하는 데 허락된 시간, 설득력이 있는 설교를 위해 각 단계에 어떤 구성 요소를 둘 것인지, 각각의 구성 요소들이 상호 강점을 가질 수 있는지 등 모든 것이 설명과 예증, 적용을 어떻게 배분해야 하는지 결정하는 데 있어서 중요한 역할을 한다.[4]

박 목사 각 대지를 작성하면 대지의 제목을 중심 사상으로 정해야 한다고 하신 것이 기억납니다.

목사님은 그 대지의 제목을 정할 때 어떻게 하십니까?

강해 설교를 작성할 때 대지 제목을 잡기가 쉽지 않았습니다.

김 목사 나는 설명, 예화 그리고 적용으로 본문을 작성한 후에 제목을 정한다네. 대지 전체의 흐름을 아우르는 제목을 잡아야 하기 때문이네. 그때 중심 사상이 되는 제목을 잡을 수 있네. 본론을 구성하는 데는 이 밖에도 여러 가지 방법이 있다네. 설교자가 자신이 잘할 수 있는 방식으로 하면 될 것이네. 중요한 것은 성도들에게 잘 들려야

---

4 브라이언 채플, 『그리스도 중심의 설교』, 엄성옥 옮김 (은성, 2016), 125.

한다네. 그러려면 논리적인 구성이 필요하네. 설교가 명쾌하게 이해되어야 설교가 삶에 영향을 미칠 수 있다네.

> 원고 작성 때부터 청중의 입장에 서야 합니다. 본문 해석의 중심축은 성경의 궁극적인 저자인 하나님과 저자이지만 설교 전달의 중심축은 청중입니다. 이런 면에서 설교자는 청중이 알아듣기 쉽게 전달하고자 하는 성육신적 자세가 필요합니다.[5]

박 목사 오늘 숙제는 무엇입니까?

김 목사 오늘 숙제는 본론을 설명, 예화 그리고 적용 순으로 구성해서 설교문을 작성하는 것이네.

---

[5] 류응렬, "들리는 설교를 하라", 「목회와 신학」, 2016년 12월 호, 153.

좋은 예화는 설교에 더 공감하게 한다

박 목사 목사님을 뵙고 나서 예화에 대해 긍정적 생각을 가지게 되었습니다. 저는 얼마 전까지 설교할 때 예화를 거의 사용하지 않았습니다. 부목사로 일할 때 담임목사님께서 예화 사용에 대하여 부정적이셨습니다. 예화가 있는 설교를 인간 중심적이라고 하셨기 때문에 저도 영향을 받아서 예화를 사용하지 않았습니다.

목사님은 언제부터 예화를 사용하기 시작하셨는지 알고 싶습니다.

김 목사 나도 유학 가기 전까지는 예화에 대한 생각이 박 목사와 비슷했다네. 설교할 때 예화를 사용하는 것이 옳지 않다고 생각했었네. 예화가 설교에 들어가면 하나님의 말씀의 권위가 약해진다고 생각했었네.

박 목사 목사님은 어떤 계기로 예화에 대한 생각을 바꾸셨습니까?

김 목사 미국에서 공부하면서 그리고 미국 목회자들의 설교를 들으면서 생각이 바뀌었네. 미국 신학교에서 예화 사용의 필요성을 배웠네. 또한, 미국의 유명한 목회자들이 예화를 적극적으로 사용한다는 것을 그들의 설교를 들으면서 알게 되었네. 좋은 예화가 설교에 끼치는 긍정적 영향을 미국 목회자들의 설교를 통해 확실히 알게 되었네.

> 예화는 인간적 상황에 의해 성경을 해석하며 하나님의 말씀에 대한 전인적 이해를 창출한다. 예화는 청중의 관심을 쉽게 자극할 뿐만 아니라 본문에 대한 이해를 확대하고 심화해 주기 때문에 효과적인 강해 설교에 필요하다.[1]

박 목사 저도 다른 목회자들의 설교에서 예화의 중요성을 느낄 때가 많습니다. 예화를 사용하지 않는 설교만이 성경 중심적이라는 생각은 옳지 않은 것 같습니다.

김 목사 예화 자체는 문제가 없네. 예화를 사용할 때 가장 중요한 것은 진리를 분명히 드러내는 수단으로 사용해야 한다는 것이네. 예수님도 그런 방식으로 예화를 사용하셨네. 예수님이 고통받는 자를 돕는 것을 말씀하실 때, 강도 만난 자의 이야기를 들려주셨네.

박 목사 예수님도 예화를 통해 진리를 드러내셨다는 말씀을 들으니, 예화에 대한 확신이 더 생깁니다.

---

1 브라이언 채플, 『그리스도 중심의 설교』, 엄성옥 옮김 (은성, 2016), 254.

목사님은 예화를 어디서 찾으십니까?
저는 주로 예화집이나 인터넷에서 얻습니다.

김 목사 박 목사가 사용하는 방법이 가장 손쉽게 예화 찾는 방법이라네. 예화집에서 얻은 예화나 인터넷에서 찾은 예화들은 신선하지 않을 가능성이 크네. 이미 많은 목회자가 사용했을 수 있고, 검증되지 않은 것일 수도 있네. 그런 예화들은 설교의 신뢰성을 떨어뜨릴 수 있다는 것을 기억하게.

> 물론, 더 나쁜 것은 설교자가 다른 설교자가 써먹던 예화를 제멋대로 되풀이할 때입니다. 그러나 그보다 더욱더 나쁜 것은 그러한 이야깃거리를 찾는 것을 주목적으로 설교집을 살 때입니다.
> 내가 어째서 이것을 반대하는지 아십니까?
> 그렇게 하는 것이 그 이야기와 그 예화를 이야기할 것을 하나의 목적으로 삼는 것으로 느끼기 때문입니다.[2]

박 목사 좋은 예화를 어떻게 구할 수 있을까요?

김 목사 좋은 예화를 얻기 위한 세 가지 방법이 있네.
첫 번째 방법은 자신의 경험에서 얻는 것이네. 자신의 경험을 평소에 잘 기록해 두는 것이 필요하네. 설교 예화로 쓰일 만한 특별한 경

---

[2] 마틴 로이드 존스, 『목사와 설교』, 서문강 옮김 (CLC, 2020), 304.

험을 했다면 바로 기록하게. 나는 하루에 한 가지씩 에피소드를 기록하려고 한다네. 이런 방식이 많은 도움이 되네. 내가 겪은 일을 '에피소드'라는 제목으로 기록하고 PDF로 저장한다네. 에피소드가 쌓이면 쌓일수록 설교에 필요한 적절한 예화거리를 찾을 가능성이 높아지네.

박 목사 저도 제 경험을 예화로 사용할 때 청중의 반응이 가장 좋았던 것 같습니다. 목사님처럼 저도 '에피소드'를 기록하는 습관을 가져야겠습니다.

김 목사 그렇게 하기를 강력히 추천하네.
두 번째 방법은 독서를 통해서 예화를 얻는 것이네. 책은 예화의 보고라네. 평소에 꾸준히 독서하고, 좋은 예화를 발견하면 기록해 두게. 기독교 서적뿐만 아니라 일반 서적에서도 좋은 예화를 얻을 수 있네. 특히, 자기 계발서나 심리학 책에 유용한 예화가 많다네.

박 목사 좋은 예화를 얻기 위해 책을 더 부지런히 읽고 정리해야겠네요.

김 목사 **세 번째** 방법은 신문에서 예화를 얻는 것이네. 신문에 실린 사건들은 청중이 공감하기 쉽다네. 사설이나 칼럼에도 종종 예화로 사용할 만한 내용이 있네.
나는 인터넷 신문을 보면서 예화로 쓸 만한 기사를 자주 PDF 파일로 저장해 두고 예화로 사용하고 있네.

박 목사 게으른 자는 좋은 예화를 구하기 힘들 것 같습니다.

김 목사 좋은 예화는 쉽게 얻을 수 없네. 좋은 예화를 얻은 후에 사용할 때 주의해야 할 것이 있네. 설교할 때 예화의 출처를 가급적이면 밝히는 것이 좋네. 어느 책에서 읽은 내용인지, 어느 신문에서 본 것인지 말이네. 그렇게 하면 청중이 박 목사의 설교를 더 신뢰하게 될 걸세.

예화 만들기의 여섯 가지 원칙

첫째, 오래된(다 아는) 예화는 과감히 버려라.
둘째, 특별한 예화를 수집하라.
셋째, 그것을 감동적으로 다듬으라.
넷째, 한꺼번에 소개하지 말고 조금씩 제시하라.
다섯째, 출처를 분명히 밝히라.
여섯째, 성경별·주제별로 저장해 두라.[3]

박 목사 오늘 숙제는 무엇입니까?

김 목사 오늘 숙제는 일주일 동안 에피소드 세 개를 적는 것이네.

---

3 신성욱, 『목사님, 설교 최고예요』(생명의말씀사, 2011), 24: 업그레이드된 새로운 예화를 활용하라, 전자책.

청중은 스스로 적용을 잘하지 못한다

박 목사 설교문을 작성할 때 힘든 것 중의 하나는 적용 내용을 작성하는 것입니다. 어떤 때는 '적용을 꼭 해야 하는가'라는 생각이 들기도 합니다. 청중이 말씀을 듣고 적용은 스스로 할 수 있다고 생각하기 때문입니다. 설교자가 해야 하는 일은 성경을 잘 해석해 주는 것이라고 생각하고 있습니다.

적용은 꼭 해야 합니까?

> 1970년 이후 북미 설교의 큰 흐름을 형성한 신설교학은 적용에 소극적 입장을 보인다. 이들의 입장을 핵심적으로 정리해 보면, 적용은 메시지를 듣는 청중이 스스로 느끼고 찾아야 한다는 것이다. 신설교학은 과거 피동적으로 설교를 듣던 청중이 능동적으로 해석과 의미 창출의 과정에 참여해야 한다고 주장한다. 이 과정에서 메시지의 의미나 적용은 독자의 몫으로 남는다.[1]

---

[1] 권 호, 『본문이 살아 있는 설교』(아가페북스, 2018), 185.

김 목사 설교할 때 적용은 꼭 해야 한다네. 왜냐하면, 청중은 스스로 적용을 잘 못하기 때문이네. 설교에 적용이 필요하다는 것은 예수님의 가르침을 보면 알 수 있네.

어느 날 한 청년이 "내가 무슨 선한 일을 하여야 영생을 얻으리이까"(마 19:16)라고 예수님께 물었네. 예수님은 계명들을 지키라고 하셨네. 그러자 청년은 계명을 다 지켰다고 했네. 그러자 예수님은 "네 소유를 팔아 가난한 자들에게 주라 그리하면 하늘에서 보화가 네게 있으리라 그리고 와서 나를 따르라"(마 19:21)라고 하셨네.

주님은 청년에게 적용하셨네. 예수님은 청년에게 율법을 설명만 하지 않고 말씀을 어떻게 적용해야 하는지를 말씀하셨네.

설교자는 설교하기 전에 본문을 충분히 연구하여 본문을 잘 이해하고 있지만 청중은 그렇지 않다네. 본문이 무엇을 말하는지 알 수 없을 가능성이 크네. 그들이 본문의 말씀을 이해하고 스스로 적용할 것이라고 기대하는 것은 무리라네.

박 목사 목사인 저도 사실은 설교 본문을 연구하기 전에는 본문을 잘 모를 때가 많습니다. 그렇다면 성도들이 말씀을 듣고 알아서 적용하기는 쉽지 않을 것 같습니다.

김 목사 어떤 목회자는 설교할 때 정보만 잔뜩 전달한다네. 많은 것을 주고자 하는 마음 때문이지. 정보는 사람이 무엇을 해야 할지를 말하지 않는다네.

청중은 수동적으로 주일에 말씀을 듣는다네. 본문을 어떻게 적용해야 하는지를 알 때 비로소 삶에 적용할 가능성이 커지네.

> 적용이 축소된 설교학에는 몇 가지 문제가 있다.
>
> **첫째**, 청중을 과도하게 신뢰한다. (중략) 청중 대부분은 설교를 들으면서 스스로 적용점을 찾기 어렵다.
> **둘째**, 주관적 적용의 위험에 빠질 수 있다. 청중이 스스로 적용점을 찾는다 해도, 그것이 그들의 주관적 적용이 아닌 본문이 말하는 적용인지 확인할 수 없다.[2]

박 목사 적용은 삶의 변화를 위해서 꼭 필요한 것이네요. 적용을 어떻게 해야 합니까?

김 목사 적용할 때 두 가지 방식으로 하는 게 좋네. 첫 번째는 일반적인 적용이고, 두 번째는 구체적인 적용이네. 일반적인 적용은 "기도해야 합니다"라는 식이네. 반면에 구체적인 적용은 "자기 전 10분간 꼭 기도하시기 바랍니다"라는 식이네.

> 효과적인 적용을 위해 먼저 본문에서 발견한 적용점을 나열해 본다. 적용점이 너무 많으면 가장 중요한 것 두세 가지를 선별한다. 이때 선별 기준은 본문이 가장 중요하게 드러내고 있는 것이 되어야 한다. 이렇게 선별된 적용점을 가지

---

[2] 권 호, 『본문이 살아 있는 설교』, 188.

고, 설교자는 청중을 고려하면서 일반적 적용을 할 것인지 구체적 적용을 할 것인지 결정한다.

매번 구체적 적용을 할 필요는 없다. 구체적인 것이 좋지만 매번 너무 구체적일 때 그 적용을 지킬 수 없는 사람도 생길 수 있고, 청중이 불필요한 심리적 압박감을 느낄 수도 있다. 반대로 항상 일반적 적용만 하면 더 큰 위험에 빠질 수 있다. 영적 원칙만 제시하고 구체적 적용 방법을 청중에게 맡기면, 설교를 들은 후 아무 행동도 하지 않을 가능성이 있기 때문이다. 실천하고 싶어도 어떻게 해야 할지 모를 수 있다.

때로는 일반적 적용으로 강한 영적 원칙을 제시하자. 그러나 때로는 구체적 적용으로 그 원칙을 어떻게 실천할지 세밀하게 제시하는 것이 좋다.[3]

박 목사 저는 주로 일반적인 적용을 한 것 같습니다. "하나님의 말씀을 믿으시기를 바랍니다"라는 식으로 적용을 했습니다. 구체적인 적용을 하지 못한 것 같습니다. 구체적인 적용이 없이는 삶의 변화를 기대하기 어렵겠다는 생각이 듭니다.

적용이란 일단 올바른 성경 해석에서 출발해야 한다. 또한, 다른 사람이 아닌 자신에게 당장 실천 가능한, 정확하고 구체적이며 눈에 보이는 열매를 맺어야 하는 매우 실제적이고 실천적인 것이다. 이 점을 항상 기억하라.[4]

---

3 권 호, 『본문이 살아 있는 설교』, 195.
4 신성욱, 『성경 먹는 기술』 (규장, 2007), 39.

김 목사 구체적인 적용을 한다고 자동으로 삶의 변화로 이어지는 것은 아니지만, 구체적인 적용을 하지 않으면 성도들은 무엇을 해야 하는지를 모른다네. 성도들은 적용이 없는 설교를 듣고 나면 "어쩌란 말인가?"라는 질문을 할 수 있네. 설교자는 성도들이 말씀을 듣는 자가 되기보다 실천하는 자가 되도록 구체적으로 도와야 하네.

박 목사 들은 말씀을 실천하지 않는다면 머리만 큰 기형적인 교인이 될 수 있겠네요.

김 목사 행함이 없는 성도들을 만들지 않기 위해서는 설교할 때 적용을 잘하는 것이 필요하네. 설교를 준비하면서 이 질문을 자주 던지는 것이 좋네.

"그래서 어쩌란 말인가?"

이 질문을 자주 던지면서 설교 준비를 하면 적용이 없는 공허한 설교를 하지 않을 수 있다네.

박 목사 적용할 때 조심해야 할 것이 있습니까?

김 목사 율법의 문자적인 적용을 피해야 한다네.

십계명에서 "안식일을 기억하여 거룩하게 지키라"라는 계명을 문자적으로 적용하면 어떻게 되겠나?

주일에 예배하지 않고 토요일에 예배해야 하네.

또 한 가지 피해야 할 것은 청중에게만 적용을 요구하는 것이네. 설교자 자신도 말씀의 적용 대상임을 잊으면 안 되네.

박 목사 강해 설교를 배울 때 들은 자신에게 먼저 적용하라는 말씀이 기억납니다.

목사님, 어떤 설교에서는 성경은 조금만 설명하고 삶을 더 많이 이야기합니다. 청중의 입장에서 듣기는 더 좋은 것 같습니다.

이런 설교는 어떤가요?

김 목사 그런 설교는 적용 중심의 설교라고 할 수 있네. 그런 설교를 적용을 잘하는 설교라고 말할 수는 없네. 삶을 많이 이야기하지만 본문과 상관없는 적용일 수 있기 때문이네.

박 목사 오늘 숙제는 무엇입니까?

김 목사 오늘 박 목사에게 주는 숙제는 이번 주일 설교에 적용을 두 가지로 꼭 해 보는 것이네. 일반적인 적용과 구체적인 적용이네.

설교의 서론, 결론은 비행기의 이륙, 착륙과 비슷하다

박 목사 설교문을 작성할 때 서론과 결론 작성이 의외로 어렵습니다. 서론과 결론을 어떻게 작성해야 하는지 알고 싶습니다.

김 목사 설교문을 작성할 때 서론과 결론 작성이 소홀해지기 쉽네. 박 목사는 서론이 없는 설교가 어떤 설교인지 아는가?

서론이 없는 설교는 본문으로 바로 들어가는 설교라네. 예를 들면, 설교를 시작하면서 "오늘 본문인 요한복음 4장에서 우리는 예수님이 사마리아 여인을 만나는 것을 볼 수 있습니다"라고 말하는 식이라네.

박 목사 저도 서론 없는 설교를 많이 한 것 같습니다. 본문을 해석하는 데 치중하다 보니 그런 설교를 한 것 같습니다.

김 목사 본문을 해석하는 것에만 초점을 두게 되면 서론을 뺄 가능성이 있네. 서론이 없으면 성도들은 설교 들을 준비를 하기 어렵네.
왜냐하면, 서론은 성도들의 마음을 여는 역할을 하기 때문이네. 어떤 면에서 서론은 비행기가 이륙하는 것과 같다고 할 수 있네. 비행기가 서서히 이륙하듯이 서론을 통해 말씀이 청중의 마음으로 서서히 들어가도록 해야 하네.

> 서론은 듣는 이들의 주의를 끌 수 있어야 한다. 목사가 강단에 서면서 교인들이 모두 애타는 심정으로 그의 설교를 간절히 기대하고 있다고 생각해서는 오산이다. 아마 사람들은 이미 지루한 마음으로 목사가 설교를 재미없게 하여 자기들을 더욱더 지루하게 만들면 어떻게 할까 조바심하고 있을지도 모른다.[1]

박 목사 서론 없이 설교한다면 청중이 처음부터 설교에 흥미를 갖기 어려울 것 같습니다.
서론에는 무엇이 들어가야 합니까?

김 목사 서론에는 설교의 주제를 간략하게 설명하는 것이 좋네. 이때 예화를 하나 사용하면서 주제를 언급하는 것도 효과적이네. 예화에 유머가 담겨 있으면 더 좋다네. 유머가 사람의 마음을 여는 데 효과적이기 때문일세.

> 보통 설교 후에 사람들이 "오늘 설교자가 말하고자 한 요지가 뭐였지?"라고 질문한다면, 우리는 실패한 것이다. 그 서론은 주제 문제에 대해 청중에게 알려 줘야 한다.[2]

---

1 해돈 로빈슨, 『강해 설교』, 박영호 옮김 (CLC, 2016), 182.
2 허셀 W. 요크·버트 데커, 『확신 있는 설교』, 신성욱 옮김 (생명의말씀사, 2008), 228.

박 목사 서론 작성은 언제 하는 것이 좋습니까?

김 목사 설교 준비의 마지막 부분에 하는 것이 좋네. 나는 주로 본론과 결론을 작성한 후에 서론을 작성한다네. 설교문 작성을 마친 후에 설교 전체를 생각하면서 서론을 작성한다네. 어떤 경우에는 서론부터 작성하기도 한다네.

박 목사 서론을 마지막에 작성한다는 것은 이해가 됩니다. 서론을 먼저 작성하는 경우는 어떤 경우인지 궁금합니다.

김 목사 성경 본문을 충분히 이해하였지만 설교문 작성이 막힐 때가 있네. 이럴 때 서론을 먼저 작성하는 것이 설교문 작성에 도움이 되기도 한다네. 서론을 먼저 작성할 때는 설교의 중심 사상이 머리에 들어 있어야 하네.
　서론을 먼저 작성하는 방식은 추천하고 싶지는 않네. 왜냐하면, 이 방식에 치명적인 문제가 있기 때문이네. 서론을 먼저 작성하면 본론은 서론의 영향을 받을 수 있네. 서론이 설교를 끌고 가게 된다네. 중심 사상이 분명하게 정해지지 않으면 서론 작성을 먼저 하지는 말게.

박 목사 본문이 말하는 바를 설교하기보다 서론이 말하는 바를 설교할 수 있겠네요.

김 목사 서론은 설교문 작성을 다 한 후에 작성하기를 권하네. 서론은 이 정도로 하고 결론을 이야기해 보겠네.

박 목사는 결론 작성을 어떻게 하는가?

박 목사 결론은 본론 작성을 한 후에 설교를 요약하는 식으로 합니다. 길게 작성하지 않고 짧게 작성합니다.

김 목사 결론은 마무리하는 것이라서 설교의 핵심을 다시 정리해 주면 된다네. 결론을 작성할 때 주의해야 할 것은 결론은 길어서는 안 된다는 것이네. 예전에 어떤 목사님은 "결론을 말씀드립니다" 하고는 10분 이상을 설교하셨다네. 결론은 비행의 착륙 부분과 같네. 짧게 설교의 핵심을 마무리해 주면 된다네.

> 결론이 이루는 것이 무엇이든 간에, 그것은 설교의 명제와 주요 요지를 요약해야 한다. 결론은 축소된 설교다.[3]

박 목사 마지막으로 결론에서 피해야 할 것이 있으면 말씀해 주세요.

김 목사 결론에서 새로운 개념을 이야기하지는 말게. 종종 설교의 마지막에 새로운 개념을 이야기하는 설교자들이 있다네. 예를 들

3　허셀 W. 요크 · 버트 데커, 『확신 있는 설교』, 237.

면, 사랑에 관하여 설교했는데 결론 부분에서 헌신해야 한다는 식으로 말하는 것이네. 본론에서 헌신에 관해서 한 번도 말하지 않다가 마지막에 "사랑하니 헌신해야 합니다"라는 식으로 말하는 것이라네. 이렇게 되면 청중으로서는 앞에서 무슨 설교를 들었는지 모르게 된다네.

오늘 숙제는 서론과 결론이 분명하게 드러나도록 설교문을 작성하는 것이네.

> 커뮤니케이션에는 수위(primacy)의 법칙과 최신(recency)의 법칙이 있다. 수위의 법칙은, 설교에서 우리가 '처음' 하는 말이 가장 중요하다고 말한다. 즉, 사람들은 처음 듣는 것을 가장 많이 기억한다는 것이다. 그래서 좋은 설교를 하려면 도입부가 중요하다. 반면, 최신의 법칙은 '마지막'으로 들은 말, 가장 최근에 들은 말을 사람들이 잘 기억한다고 말한다. 이 연구가 타당하다면(나는 그렇다고 생각한다) 최신의 법칙은 "결론에 공을 들이라"라고 말하는 법칙이다.[4]

---

4 스콧 M. 깁슨, 『목회자가 꼭 알아야 할 설교 포인트 55』, 김태곤 옮김 (아가페출판사, 2022), 79.

6

좋은 설교 제목은
설교를 기대하게 만든다

박 목사 설교 제목이 중요합니까?
　설교문 작성도 힘든데 설교 제목까지 신경을 써야 하는지 잘 모르겠습니다.

김 목사 설교 제목보다 설교 내용이 더 중요한 것은 맞네. 좋은 설교 제목이 설교에 도움이 된다네.
　박 목사는 설교 제목을 어떻게 정하는가?

박 목사 주로 설교 본문에서 제목을 찾습니다. 예를 들면, 누가복음 7장 1-10절을 본문으로 설교했을 때, 제목은 7절에 나오는 〈말씀만 하사〉로 정했습니다.

김 목사 설교 본문에서 제목을 찾는 것에는 장단점이 있네. 장점은 본문에서 찾으니 크게 고민할 필요가 없다는 것이고 단점은 제목으로 삼을 만한 단어나 문장이 없는 경우가 있다는 것이네. 본문에서 제목을 찾는 것도 좋지만 제목을 창의적으로 만들어 보는 것을 권하고 싶네. 설교 제목을 창의적으로 만들기 위하여 다른 사람의 도움을 구하는 것을 추천하네. 예를 들어, 교역자 회의 같은 것을 하는 것이네.

박 목사 사실 저는 설교 제목에 크게 중요성을 두지 않고 있습니다. 설교 준비하는 데 힘을 많이 쏟아서 그런지 설교 제목까지 신경을 쓰지 못하고 있습니다. 설교 제목을 정하기 위하여 다른 사람과 의논한다는 것은 생각해 본 적이 없습니다.

> 다음은 12월 8일 「국민일보」 '주일 예배 안내'에 나타난 여러 교회의 주일 설교 제목들이다. 〈하나님과 함께하는 삶〉, 〈머릿돌 되신 그리스도〉, 〈거룩한 길〉, 〈믿음으로 기다리라〉, 〈평생의 사역〉, 〈하나님의 사람〉, 〈복음의 색깔〉 등 하나같이 제목이 방대하고 무슨 말을 할지 짐작이 가지 않는다.[1]

김 목사 설교 제목을 정하는 것이 왜 중요한지를 포장지를 예로 들어 설명해 보겠네.

박 목사는 값비싼 제품을 포장할 때 싸구려 포장지를 사용하는가 아니면 고급 포장지를 사용하는가?

내용물이 값비싼 것이라면 포장지도 좋은 것을 사용할 것으로 생각하네.

---

1 김연종, "들리는 설교 vs. 들리지 않는 설교", 「목회와 신학」, 2013년 1월 호, 61.

박 목사는 본인의 설교문의 가치가 어느 정도라고 생각하는가?
돈으로 환산한다면 얼마를 받고 싶은가?
만약에 상대가 1만 원을 주겠다고 하면 설교하기 전에 설교문을 팔겠는가?

팔지 않을 것이라 생각하네. 한 편의 설교를 위하여 쏟아부은 시간과 정성을 생각하면 그 가치는 당연히 1만 원을 훨씬 넘을 것이네. 그렇다면 설교문의 가치에 상응하는 제목을 정하는 것이 당연한 일 아닌가.
청중의 관점에서 한번 생각해 보게.
좋은 설교 제목이 청중에게 어떤 효과가 있을 것 같은가?

박 목사 성도들이 좋은 설교 제목을 본다면 기대할 것 같습니다. 설교 제목에 따라서 듣고 싶을 수도, 그렇지 않을 수도 있을 것 같습니다.

김 목사 설교 제목이 어떤가에 따라서 성도들이 관심을 가질 수도, 갖지 않을 수도 있네. 좋은 설교 제목은 성도들의 관심을 끄는 데 필요하네.

독자들을 사로잡는 책쓰기에서 결코 간과해서는 안 되는 것이 바로 제목이다. 당신의 글이 아무리 좋은 글이고, 감동적인 글이라고 해도 제목이 식상하면 아무도 당신의 책을 읽지 않는다는 것은 분명한 사실이다. 그런 점에서 당신은

> 책쓰기와 함께 제목을 반드시 멋지게 만들어야 할 필요가 있음을 명심해야 한다. 제목이 식상하면 당신의 책은 베스트셀러가 되어 수백만 명이 읽을 수 있는 책임에도 수천 명도 읽지 않는 그런 책으로 전락될 수 있다. 그 이유는 순전히 제목 때문이다. 그러므로 당신은 독자들을 사로잡기 위해서 제목을 멋지게 독특하게 기발하게 아름답게 눈길이 가게 만들어야 한다.[2]

박 목사 제목이 엄청난 차이를 만들겠네요. 제목이 얼마나 중요한지 알 것 같습니다.

목사님은 설교 제목을 어떻게 정하십니까?

김 목사 나는 앞에서 언급했듯이 설교 제목을 정할 때 자주 교역자 회의를 한다네. 내가 대충 정하고 교역자들과 함께 회의하면서 다듬는다네.

예를 들어 보겠네. 출애굽기 16장 1-30절을 세 부분으로 나누어 3주 시리즈 설교를 한 적이 있었다네. 이때 시리즈 제목이 〈하나님의 시험지〉였네. 첫 번째 설교 1-10절은 〈시험 문제〉, 두 번째 설교 11-20절은 〈오답〉, 세 번째 설교 21-30절은 〈은혜〉로 정했었네.

나는 교역자 회의를 할 때 본문은 하나님께서 시험하시는 내용이라고 말해 주었네. 첫 번째 본문에는 하나님께서 시험 문제를 내시는 내용이 들어 있고, 두 번째 본문에서는 이스라엘이 잘못된 답을 쓰는 모습이 나오고, 세 번째 본문에서는 그런데도 하나님께서 은혜를 주

---

2 김병완, 『나는 책쓰기로 인생을 바꿨다』 (북썽크, 2016), 책쓰기 5: 모든 책쓰기에는 전략이 있어야 한다, 전자책.

신다는 식으로 설명했다네. 내 설명을 듣고 교역자들은 머리를 맞대고 제목을 어떻게 정할지를 고민했다네. 함께 고민한 후 〈하나님의 시험지〉라는 시리즈 제목이 나왔고, 〈시험 문제〉, 〈오답〉, 〈은혜〉라는 제목들이 나왔네.

박 목사 시리즈 설교 제목이 깔끔하다는 생각이 듭니다. 제목을 들을 때 설교에 대한 기대가 생깁니다. 성도들이 제목을 보고 기대하면서 말씀을 들었을 것으로 생각됩니다.

김 목사 내 설교 제목 중에서 이색적인 것을 소개해 보겠네. 잠언을 네 부분으로 나누어서 설교한 적이 있네. 시리즈 제목을 〈인생을 망치는 네 가지 못된 마음〉이라고 정하고 각 제목은 이렇게 〈노발대발〉, 〈공명지조〉, 〈반래개구〉, 〈갈택이어〉로 사자성어로 만들었다네. 노발대발은 알지만 다른 사자성어는 대부분 잘 모른다네. 일부러 이렇게 했다네. 궁금증을 더 가지게 하기 위해서였네.

박 목사 제목을 봐서는 설교 내용을 추측하기 어렵습니다. 제가 성도라면 무슨 말인지 사전에서 사자성어를 먼저 찾아볼 것 같습니다. 설교 내용이 궁금할 것 같습니다.

김 목사 박 목사도 앞으로는 설교문과 함께 제목을 잘 만들어 보게. 좋은 내용을 좋은 포장지에 담으면 더 빛날 수 있네. 도움이 될 만한 이야기를 하나 더 하겠네. 나는 시리즈 설교를 정하고 현수막으로 만들어 교회의 건물 외벽에 걸어 놓는다네. 동네 사람들이 교회 앞을 지나가면서 설교 제목을 보도록 하기 위함이네. 전도용으로 활용하는 것이라네. 그리고 교회를 찾는 사람이 있다면 그들에게도 설교를 들을 수 있는 기회를 준다네.

> 나는 「리더스 다이제스트」의 기사처럼 들리는 설교 주제를 구도자 예배에서 사용한다고 비평을 들은 적이 있다. 하지만, 그것은 의도적이었다. 「리더스 다이제스트」는 아직까지 미국에서 가장 많이 구독되고 있는 잡지이며 그 이유는 그 기사들이 사람들의 필요와 고통과 관심사에 호소하고 있기 때문이다. 예수님은 "그렇다. 세상 사람들이 자기와 같은 세상 사람들을 대하는 데 있어서는 영적인 사람들보다 더 똑똑하다"(눅 16:8, NCV)라고 말씀하셨다. 그들은 무엇이 사람들의 관심을 끄는지 알고 있다. 예수님은 우리도 전도하는 데 있어서 그들 못지않게 감수성이 있으며 전략적이기를 원하신다.[3]

박 목사 오늘 숙제는 무엇입니까?

김 목사 설교 제목을 창의적으로 만드는 것이네. 성도들이 궁금해 할 만한 설교 제목을 한번 만들어 보게.

---

[3] 릭 워렌, 『목적이 이끄는 교회』, 김현회·박경범 옮김 (디모데, 2008), 334.

성경의 다양한 주제를
설교로 다루어야 한다

박 목사 성경에는 다양한 주제가 있는데, 그런 주제들을 균형 있게 설교하는 것이 쉽지 않습니다. 지금까지 설교한 것을 보면 몇 가지 주제를 중심으로 설교한 것 같습니다.

성경의 다양한 주제를 설교하는 방법은 무엇입니까?

김 목사 목회자들이 설교를 많이 하지만, 설교의 주제들은 한정되어 있을 가능성이 있네. 왜냐하면, 목회자들이 모든 주제에 관심을 두고 설교하기보다는 자신이 선호하는 주제들을 중심으로 설교할 가능성이 크기 때문이네. 성경의 다양한 주제를 설교하려면 다양한 주제를 연구할 뿐만 아니라, 언제 어떻게 설교할 것인지를 계획하는 것이 필요하네.

박 목사는 의도적으로 성경의 다양한 주제를 설교에서 다루고자 노력하는가?

박 목사 다루기 힘들고 어려운 주제는 설교하지 못하고 있습니다.

다양한 주제를 설교하는 방법은 무엇입니까?

김 목사 성경의 다양한 주제를 설교하기 위해서는 먼저 성경에 어떤 주제들이 있는지를 알아야 하네. 그렇게 하기 위해서는 주제들을 정리하고, 주제들을 담고 있는 성경 구절들을 파악해야 하네. 성경 사전을 활용하면 어렵지 않게 주제들과 성경 구절들을 찾을 수 있네.

나도 이렇게 해 본 적이 있네. 이렇게 하면 성경 전체를 보는 눈이 생기고, 성경의 주제들을 정리하고 설교 계획을 세워서 다양한 설교를 할 수 있네.

박 목사 성경의 주제들을 다룰 수 있는 구체적인 설교 방법은 무엇입니까?

김 목사 시리즈 설교가 그 방법이네. 시리즈 설교에 관해서는 시리즈 설교에 관한 대화에서 상세하게 설명하겠네. 오늘은 시리즈 설교가 다양한 주제를 설교할 수 있는 이유를 이야기하도록 하겠네. 시리즈 설교는 한 가지 주제를 가지고 여러 주에 나누어서 하는 설교라네.

내가 한 설교를 예를 들어 설명해 보겠네. 이전에 나는 〈예수님처럼 사랑하고 있다면〉이라는 4주 시리즈 설교를 했네.

이 시리즈 제목을 들을 때 무슨 설교라는 생각이 드는가?

박 목사 예수님의 사랑을 말하는 설교라는 생각이 듭니다. 아니면 예수님처럼 사랑하라는 뜻인 것 같기도 합니다.

김 목사 이 설교의 주제는 우리가 예수님처럼 사랑해야 한다는 것이네. 예수님의 사랑이 무엇인지를 드러내고 우리도 그 사랑을 실천해야 한다는 것을 전하는 설교라네.

나는 '그리스도인의 생각법'이라는 주제로 4주 시리즈 설교를 한 적도 있네. 네 번의 설교 제목은 이렇네.

첫 번째, 〈부정적 생각보다 긍정적 생각을〉
두 번째, 〈의심의 생각보다 믿음의 생각을〉
세 번째, 〈육의 생각보다 영의 생각을〉
네 번째, 〈사탄의 생각보다 그리스도의 생각을〉

이 시리즈 설교는 무엇을 전하고자 하는 것 같은가?

박 목사 그리스도인이 어떤 생각을 해야 하는지를 설명하는 설교인 것 같습니다. 생각에 관한 설교는 의도적으로 준비하지 않는다면 설교할 때 다루기 어려운 주제인 것 같습니다.

김 목사 나도 시리즈 설교를 하지 않았다면 생각에 관한 설교를 이렇게 하기는 어려웠을 것 같네. 이런 식으로 시리즈 설교를 계속하면 성경의 주제를 다양하게 다룰 수 있네. 나는 지금 섬기는 교회에 담임목사로 부임하고 난 뒤 줄곧 시리즈 설교를 하고 있네. 시리즈 설교를 많이 했다네.

고난 같은 주제는 성경에서 매우 중요한 주제이기 때문에 관점을 달리하여 여러 번 했었네. 〈인생의 실패와 성공〉, 〈캄캄한 현실 속에서 삶을 붙드는 소망〉, 〈인생의 허무와 극복〉, 〈억수로 크신 하나님〉 등과 같은 설교들은 관점은 조금 다르지만 모두 고난에 관한 설교라네. 성경이 고난에 관하여 매우 다양하게 표현하고 있다는 것을 시리즈 설교를 통해 성도들에게 전하였네.

박 목사 시리즈 설교는 한 주제를 다양하게 다루는 설교라는 생각이 듭니다.

시리즈 설교를 할 때 다양한 주제를 어떻게 찾으십니까?

앞에서 언급하신 대로 성경 사전을 사용해서 설교 주제들을 찾으십니까?

김 목사 나는 시리즈 설교를 준비할 때 두 가지 방식으로 준비하네. 하나는 독서, 또 하나는 성경 읽기와 묵상이라네.

독서는 성경의 다양한 주제를 만날 수 있는 좋은 방법이네. 성경의 특정 주제를 성경적으로 잘 정리해 주는 책들이 있다네. 정기적으로 서점에서 성경의 주제들을 다루고 있는 책들을 구입하고 있다네. 이런 책들을 잘 모아 두면 시리즈 설교를 계획하는 데 도움이 되네.

독서뿐만 아니라 성경을 읽고 묵상할 때 자연스럽게 다양한 주제를 만날 수 있네. 성경을 읽다가 특정 주제를 여러 곳에서 발견하면 정리를 해 둔다네. 나중에 이 정리한 것을 토대로 시리즈 설교를 만들기도 한다네.

> 어떤 특정한 계획에 따라 설교를 작성하는 법에 대해 배우고자 한다. 여기서 우리는 표본적으로 두 개의 길을 보여 줄 터인데, 하나는 설교자가 성경 본문에서 출발하여 설교에 이르는 길이고, 다른 하나는 주제에서 출발하여 메시지를 선포하는 길이다. 설교 준비는 주로 책상에서 이루어진다. 책상은 설교자가 성경을 펴고, 본문을 읽고, 성경의 말씀을 기도 가운데 묵상하며, 설교를 위한 아이디어를 수집하는 곳이다. 또한, 다방면의 책을 읽으면서 그 생각을 확장하고 심화하는 곳이며, 그 생각이 청중에게 어떤 메시지로 들릴 것인지를 심사숙고하는 곳이기도 하다.[1]

박 목사 시리즈 설교에 대해 잘 몰랐는데 오늘 말씀을 듣고 보니 다양한 주제로 설교할 수 있는 좋은 방법인 것 같습니다.

김 목사 이렇게 설교한다고 해서 성경의 모든 주제를 다 설교할 수는 없네. 그렇지만 중요한 주제는 충분히 설교할 수 있네. 이렇게 시리즈 설교를 하면 과거의 설교 주제를 한눈에 확인할 수 있기 때문에 다루지 못한 주제들을 알 수 있네. 나는 가끔 교회 홈페이지에서 과거의 설교 시리즈를 보면서 앞으로 설교할 주제를 생각하곤 하네. 박 목사도 꼭 이렇게 해 보게.

오늘 숙제는 설교에서 다루어야 하는 성경의 주제들과 본문을 정리하는 것이네.

---

1 아힘 헤르트너, 『다시 설교를 디자인하라!』, 손성현 옮김 (kmc, 2014), 80.

8

설교할 때 이 세 가지는
피하는 것이 좋다

박 목사 설교할 때 조심해야 할 것이 있으면 알려 주세요. 저는 가끔 설교하고 나서 뭔가를 잘못한 것 같은데 그것이 뭔지를 모르겠습니다.

김 목사 설교할 때 피해야 할 몇 가지를 말하고 싶네. 모든 설교자가 피해야 할 것들이네.
 우선 책망하고 꾸짖는 설교를 피해야 하네.

박 목사 성도들이 잘못하면 꾸짖는 설교를 해야 한다는 말을 들었습니다. 자녀가 잘못하면 부모가 꾸짖듯이 담임목사는 성도들이 말씀에 순종하지 않을 때 꾸짖는 설교를 하는 것이 필요하다고 생각합니다.
 왜 목사님은 꾸짖지 말라고 하십니까?

김 목사 나도 한때는 박 목사처럼 생각했었네. 책망 조의 설교도 여러 번 했었네. 그런데 책망 조의 설교가 별로 효과가 없었다네. 책망 조의 설교가 별로 효과가 없다는 것을 성경을 통해서도 알 수 있네.

성경에서 보면 예수님도 일방적으로 꾸짖지 않으셨네. 예를 들어 보겠네. 누가복음 7장에서 우리는 예수님이 죄 많은 한 여인을 만나신 것을 볼 수 있네. 예수님이 시몬의 집에 가서 식사하실 때 죄 많은 한 여인이 예수님께 와서 눈물로 예수님의 발을 적시고 머리털로 주님의 발을 닦았네. 그리고 향유를 주님의 발에 부었네.

주님은 이 여인에게 한마디의 책망도 하지 않으셨네. 주님이 그녀를 사랑하셨기 때문이네. 그녀가 무슨 죄를 지었는지 아셨지만, 주님은 책망하기 전에 그녀를 사랑하시고 기다리셨던 것이네.

물론, 성경에 나타나는 하나님은 분노하고 심판하기도 하시네. 그 분노조차 사랑이 담긴 분노라네. 성도들을 책망해야 한다면 사랑의 보자기에 싸서 해야 한다네.

박 목사 무조건 책망하지 말아야 한다는 말씀이 아니군요. 사랑으로 책망하라는 말씀이네요.

김 목사 목사가 설교할 때 기분 좋은 말만 할 수는 없네. 하나님께서 분노하신다는 말씀도, 심판하신다는 말씀도 전해야 하지 않겠나.

이런 말씀을 전할 때 먼저 점검해야 하는 것은 성도들을 사랑하고 있느냐는 것일세. 성도들을 사랑하면서 책망한다면 성도들이 책망을 받아들일 것일세.

그렇지 않고 일방적으로 꾸짖기만 한다면 성도들은 목사가 자신들을 사랑하지 않는 것으로 생각할 걸세. 그들은 목사의 설교에 상처받을 것이고 목사의 보살핌을 받고 있지 않다고 느낄 수 있네.

"주여 주여 하는 자마다 하늘나라에 다 들어가는 것은 아니다"라는 경고의 말씀은 분명히 있지만 모든 성경 본문이 그런 내용으로 둔갑하는 것을 듣는 일은 고역이었다. 약하고 불완전한 믿음일지라도 믿음은 믿음인데 믿음이 없다는 소리를 계속 들으면 정말로 그런 생각이 들게 된다.

신자는 이런 설교에서 배울 것이 없다. 이런 설교는 신자에게 이롭지 못하고 정작 이런 설교를 들어야 할 사람에게도 효과가 없다. 독선적인 사람은 늘 설교자가 다른 사람 이야기를 한다고 여기기 때문이다. 그러므로 이런 설교를 유익하게 들을 사람은 아무도 없다.[1]

박 목사 저도 꾸짖는 설교는 조심해야 할 것 같습니다. 또 피해야 할 것이 있습니까?

김 목사 설교할 때 부정적으로 이야기하는 것을 피해야 하네. 예를 들면, 이런 표현이네.

"오늘 예배에 너무 결석이 많아 설교에 힘이 나지 않습니다."

"지난 주일은 너무나 힘들었습니다."

이런 표현을 설교자들이 아무 생각 없이 한다네. 듣는 청중은 이런 말에 부정적인 영향을 받는다네.

부정적인 표현은 사람을 심리적으로 불안·우울하게 만들고 치명적인 패배의 원인이 된다. 영국과 남아프리카의 네덜란드 이주민 사이에 벌어진 보어전쟁

---

1 데이비드 고든, 『우리 목사님은 왜 설교를 못할까』, 최요한 옮김 (홍성사, 2012), 89.

> 에서 부정적인 말과 불평을 한 남아프리카의 병사가 기소되었는데 죄명은 '낙심죄'였다. 영국이 남아프리카의 '레이디스미스'라는 마을을 침공하자 남아프리카의 병사는 마을을 지키던 동료 병사들에게 부정적인 정보와 불평을 늘어놓았다. 영국군의 위력이 얼마나 센지, 공격을 막아 내는 게 얼마나 어려운지, 영국군이 얼마나 많은 국가를 점령했는지를 말하면서 마을이 함락될 수밖에 없는 이유를 주절주절 늘어놨다.
> 그 병사는 적과 싸우기도 전에 아군의 사기를 떨어트렸다. 총을 사용하지 않고도 자기 마을을 지키는 병사들을 공격한 꼴이었다. 그의 말은 총보다 더 강력한 무기였다.[2]

박 목사 저도 부정적인 표현을 쓸 때가 있었습니다. 그럼 어떤 표현을 써야 합니까?

김 목사 "지난주에는 조금 힘들기는 했지만, 하나님의 은혜가 정말 컸습니다" 또는 "오늘도 이렇게 예배에 나오셔서 제가 힘이 납니다"라는 식으로 표현해 보게. 청중이 들을 때 힘이 나게 해야 한다네.

박 목사 긍정적인 표현을 쓰려면 미리 연습해야 할 것 같습니다. 또 피해야 할 것은 무엇입니까?

---

[2] 정경수, 『목표 달성까지 7일』(빅픽처컴퍼니, 2020), 5장: 목표 달성을 위한 멘탈 트레이닝, 전자책.

김 목사 설교할 때 자신의 가정 이야기는 될 수 있으면 하지 말게. 가정 이야기를 전혀 하지 말라는 말은 아니네. 해야 할 때는 반드시 사모나 자녀에게 허락받고 하게. 사모나 자녀는 공개적으로 자신들의 삶이 노출되는 것을 원하지 않는다네.

목사가 자신의 가정에 관한 좋은 이야기를 하면 자랑거리가 될 수 있고, 좋지 못한 이야기를 하면 성도들의 입방아거리가 될 수 있네. 이런 위험성을 내포하고 있는데 굳이 가정에 관한 이야기를 자주 할 필요가 있겠는가. 하려면 일 년에 한두 번만 하게.

박 목사 무슨 말씀인지 알겠습니다. 오늘 목사님이 말씀하신 세 가지를 이렇게 적어 놓겠습니다.

첫째, 사랑하지 않는다면 꾸짖는 설교를 피하자.
둘째, 부정적으로 이야기하지 말자.
셋째, 가정사에 관하여 되도록 이야기하지 말자.

김 목사 그렇게 하면 도움이 될 걸세.

오늘 숙제는 주일 예배 때 쓸 수 있는 긍정적인 표현을 적극적으로 하는 것이네.

시리즈 설교로 성경의 주제들을 충분히 설명할 수 있다

 성경의 다양한 주제를 설교하는 데 시리즈 설교가 도움이 된다고 지난번에 말씀하신 것이 기억납니다. 오늘은 시리즈 설교에 대해 좀 더 알고 싶습니다.

 좋네.
박 목사는 시리즈 설교를 해 본 적이 있는가?

 시리즈 설교를 해 본 적은 아직 없습니다. 시리즈 설교에 대하여 들은 적은 있지만, 정확히 어떤 설교인지는 잘 모릅니다.
시리즈 설교가 무엇입니까?

 시리즈 설교는 하나의 주제를 가지고 몇 주간 연속적으로 하는 설교라네. 성경에 나오는 주제를 설명하는 좋은 방식이라고 생각하면 되네.
시리즈 설교의 각 설교는 완전히 독립적이네. 네 번의 설교 중 하나만 들어도 충분히 이해할 수 있는 설교라네. 시리즈 설교에 대한 오해 중 하나는 하나의 설교를 네 번으로 잘라서 설교한다는 것이네. 네 번의 설교가 서로 긴밀하게 연결되어서 하나의 설교만 들어서는 이해하기 어렵다는 것이네. 그렇지 않네. 각 설교가 독립적이라서 이해하는 데 어려움이 없네.

> 상호 연관성으로 엮어진 연속 설교를 의미한다. 독립적으로 떨어진 설교들이지만, 큰 틀에서 하나로 묶일 수 있는 설교들이다.[1]

박 목사 목사님께서 하신 시리즈 설교를 통해 설명해 주시면 좋겠습니다.

김 목사 나는 종말에 관해 설교한 적이 있네. 종말은 성경에서 중요한 주제 중 하나가 아닌가. 종말에 관해서도 4주간의 설교를 했네. 첫째 주일에는 〈종말에 일어나는 일〉(마 24:3-14), 둘째 주일에는 〈예수님의 재림을 준비하는 방법〉(눅 12:35-40), 셋째 주일에는 〈최후 심판〉(고후 5:10), 넷째 주일에는 〈천년 왕국〉(계 20:1-10)이라는 제목으로 설교했네.

이 설교 제목을 들으니 어떤 생각이 드는가?

박 목사 이 시리즈 설교는 각각의 설교로도 충분한 설교가 되겠다는 생각이 듭니다. 성경적인 종말을 다루는 데는 부족함이 없어 보입

---

[1] 채경락, "시리즈 설교, 어떻게 준비할 것인가?", 「목회와 신학」, 2013년 1월호, 89.

니다. 네 편의 설교를 다 듣고 나면 성경에서 말하는 종말을 잘 이해할 수 있을 것 같습니다.

김 목사 내가 시리즈 설교를 하는 이유가 바로 그 때문이라네. 성경에 등장하는 주제들을 충분히 전하기 위한 좋은 방법이기 때문이네. 성경에는 수많은 주제가 등장하는데 그 주제들은 성경 전역에서 다양한 관점으로 제시되어 있네. 어떤 주제들은 한 번의 설교로는 성도들이 이해하기 어렵네.

> 시리즈 설교의 세 번째 장점은 중요한 주제를 충분히 깊게 다룰 수 있다는 점이다. 성경에는 한 편의 설교로 담기에 버거운 큰 주제가 많이 있다. 성도의 가정생활을 어찌 한 편의 설교에 담을 수 있으며, 예수 십자가의 의미를 어찌 한두 번의 설교로 가늠할 수 있겠는가. 몇 주에 걸쳐 여유를 갖고 소중한 복음 메시지를 충분히 깊게 묵상할 수 있는 기회를 갖고자 한다면 시리즈 설교가 한 방법이다.[2]

박 목사 시리즈 설교를 하려면 목회자가 공부를 많이 해야겠다는 생각이 듭니다. 시리즈 설교를 준비하는 데 시간이 많이 걸릴 것 같습니다.

---

2 채경락, "시리즈 설교, 어떻게 준비할 것인가?", 90.

김 목사 시리즈 설교를 하려면 그 주제에 관한 책을 여러 권 읽어야 하네. 또한, 그 주제에 관하여 성경이 말하는 것을 이해해야 한다네. 아무리 목회자라도 성경의 개념을 온전히 아는 것은 아니지 않은가. 성경을 계속 연구하고 설교하기 때문에 성경의 주제들에 익숙하지만 모든 주제를 깊이 있게 이해하는 것은 아니네.

박 목사 저도 성경의 어떤 주제는 제대로 말하지 못합니다. 피상적으로 어느 정도는 말하지만 정확하게 알지 못하는 것이 많습니다. 시리즈 설교를 하면 목회자들이 공부해야 하니까 목회자들에게도 좋을 것 같습니다.

김 목사 나는 시리즈 설교를 하면서 많은 것을 배웠네. 시리즈 설교를 통해서 내가 얻은 것이 많네. 설교에는 공부하고 연구한 것 중의 일부만 담지 않는가. 연구한 모든 것을 다 담을 수 없네. 박 목사도 시리즈 설교를 한다면 많이 배우게 될 것일세.

박 목사 한 가지 궁금한 것이 있습니다.
목사님은 시리즈 설교를 주로 4주로 하시는데 꼭 4주로 해야 합니까?

김 목사 기간은 설교자가 정하면 되네. 2주도 가능하고 8주도 가능하네. 나는 4주를 선호하는 편이네. 왜냐하면, 한 달의 기간이 지루하지도 않고 짧지도 않은 적당한 기간이기 때문이네. 나는 8주, 6

주 시리즈 설교도 했었네. 최근에는 4주를 넘어가는 시리즈는 잘하지 않네.

> 결코 무시할 수 없는 장점이 있는데 일단락의 즐거움이다. (중략) 시리즈 설교는 한 주기가 마무리될 때 무언가를 끝냈다는 적당한 완료감과 성취감을 선물한다.[3]

박 목사 시리즈 설교를 하면 성도들이 많이 배울 수 있기 때문에 주일 설교를 기대할 것 같습니다. 설교에 대한 신뢰를 줄 것 같습니다.

> 청중에게 가장 절실히 요구되는 주제들을 선정해 여러 주에 걸쳐서 설교하기 때문에 그들이 가장 기대하고 바라는 설교가 될 수 있다.[4]

김 목사 우리가 설교를 쉽게 한다면 그만큼 열매도 작을 수밖에 없네.

시리즈 설교를 위해서 책을 여러 권 읽고 성도들에게 필요한 성경의 내용을 일목요연하게 정리해 주면 성도들이 설교에 대해 불평하는 일은 없다네. 설교에 대해 기대하고 설교 시간에 집중도 잘한다네.

---

3 채경락, "시리즈 설교, 어떻게 준비할 것인가?", 90.
4 신성욱, "강해 설교로 시리즈를 구성하라", 「목회와 신학」, 2017년 12월 호, 69.

> 우리의 사고방식은 시리즈, 시즌, 에피소드의 관점에서 생각하도록 굳어지고 있다. 4주나 5주간의 시리즈 설교는 이런 청중이 즉시 이해할 수 있고, 더 중요한 것은 친구들에게도 흥미를 끌고 공감을 일으켜 초대할 수도 있다는 것이다.[5]

박 목사 오늘 목사님의 말씀을 들으니 저도 꼭 해 보고 싶습니다. 시리즈 설교를 만드는 방법은 배우지 않아서 아직은 못할 것 같습니다. 시리즈 설교를 하는 방법을 가르쳐 주세요.

김 목사 다음번에 만날 때 가르쳐 주겠네.
오늘 숙제는 성경의 주제를 하나 택하고 그 주제에 맞는 성경을 네 군데 찾아보는 것이네.

---

[5] 팀 루카스 · 워렌 버드, 『리퀴드처치』, 유정희 옮김 (규장, 2022), 138.

시리즈 설교는 두 가지 방식으로
만들 수 있다

박 목사 지난번에는 시리즈 설교의 유익에 관해 말씀해 주셨습니다. 오늘은 시리즈 설교를 어떻게 만드는지를 알려 주세요.

김 목사 시리즈 설교는 두 가지 방식으로 만들 수 있네. 하나는 주제를 먼저 정하고 그 주제에 맞는 성경 구절을 찾는 방식이고, 다른 하나는 성경의 한 부분을 먼저 정해서 연구하고 여러 주로 나누는 방식이네.

박 목사 먼저 주제를 정하고 성경 본문을 택해서 하는 시리즈 설교 방식을 말씀해 주세요.

김 목사 주제를 정하고 시리즈 설교를 만들 때 가장 필요한 것은 주제를 먼저 정하는 것이네. 그 후에 그 주제에 관한 책을 읽는 것이네. 만약 기쁨이라는 주제로 시리즈 설교를 하기로 결정했다면 기쁨에 관한 책을 여러 권 읽어 보면 된다네. 아니면 어떤 주제에 관한 책을 읽다가 그 주제로 시리즈 설교를 만들 수도 있다네.

박 목사 이렇게 만든 시리즈 설교에는 어떤 것이 있는지 소개해 주세요.

김 목사 주제를 정하고 책을 읽고 만든 시리즈에는 이런 것들이 있네. 〈일은 밥벌이인가, 소명인가〉(4주), 〈억수로 크신 하나님〉(3주), 〈복된 가정을 세우는 길〉(4주), 〈그리스도인의 생각법〉(4주), 〈신앙의 오해 바로잡기〉(4주), 〈빛의 승리, 어둠의 패배〉(4주), 〈혹시 요즘 불안하세요?〉(2주), 〈구원이 인생의 전부다〉(4주), 〈하나님이 약속하신 복〉(4주), 〈교회가 반드시 해야 하는 다섯 가지〉(5주), 〈예수님은 누구신가〉(4주), 〈기도하는 교회〉(4주), 〈모르면 안 되는 주님의 말씀 네 가지〉(4주), 〈나는 제대로 믿고 있는가〉(5주), 〈걱정으로부터의 해방〉(4주), 〈기독교 핵심 주장 다섯 가지〉(5주) 등이네. 이외에도 많다네. 박 목사는 이 시리즈 설교 제목들을 들으니 어떤 생각이 드는가?

박 목사 시리즈 설교의 제목들이 한결같이 중요한 성경적 개념이라는 생각이 듭니다. 먼저 책을 통해 주제를 발견하고 본문을 찾는 방식은 이해했습니다.
성경의 한 부분을 정해서 시리즈 설교를 만드는 방식도 있다고 하셨는데, 그것은 어떻게 하는 것입니까?

김 목사 이 방식은 앞의 시리즈 설교를 만드는 방식과 반대라네. 이것은 성경의 한 부분을 먼저 깊이 연구하는 것이네. 성경을 연구하다가 성경의 한 부분을 시리즈 설교로 만들 수 있네.

박 목사 이 방식은 그야말로 반대네요. 두 가지를 모두 하면 좋을 것 같습니다. 그럼 이렇게 해서 만든 설교를 소개해 주세요.

> 시작과 끝이 있고 분명한 주제가 일관되게 흐르는 주제 시리즈 설교는 참 매력적이었다. 그러나 지나친 주제 시리즈 일변도는, 강해 설교자가 지켜야 할 대원칙인 본문의 중심성을 타협할 수도 있겠다는 우려가 생겼다. 나름 절충을 본 결과가 주제 있는 본문 시리즈다. 본문의 연속성을 기본 골격으로 하되, 전체 시리즈를 덮고 있는 큰 틀의 주제를 확보하는 방식이다.[1]

김 목사 나는 이전에 히브리서 3-4장을 연구하면서 시리즈 설교를 만들었네. 〈초지일관〉으로 시리즈 제목을 잡았네. 첫째 주일에는 〈끝까지 붙들어야 할 소망, 예수〉(히 3:1-6), 둘째 주일에는 〈끝까지 들어야 할 하나님의 음성〉(히 3:7-19), 셋째 주일에는 〈끝까지 순종함으로 들어가는 안식〉(히 4:1-11), 넷째 주일에는 〈끝까지 나아가야 할 은혜의 보좌〉(히 4:12-16)라는 제목으로 설교를 준비했네.

주제를 먼저 정하고 하는 시리즈 설교와 어떤 차이가 있는 듯한가?

박 목사 제목만 들어서는 별 차이가 느껴지지 않습니다. 단지 차이는 설교 본문이 성경 곳곳에 퍼져 있지 않고 앞뒤로 연결되어 있다는 것뿐입니다.

---

1 채경락, "시리즈 설교, 어떻게 준비할 것인가?", 「목회와 신학」, 2013년 1월호, 95.

김 목사 성경을 먼저 연구하고 시리즈 설교를 만들어도 주제가 선명하다네. 각 설교는 주제와 연결되어 있음도 볼 수 있네.

다른 설교도 소개하겠네. 누가복음 8장 4-15절을 읽고 묵상하다가 4주 시리즈 설교를 만들었네. 시리즈 제목은 〈신앙은 듣기다〉였네. 첫째 주일에는 〈흘려서 듣기〉, 둘째 주일에는 〈감정에 따라 듣기〉, 셋째 주일에는 〈걸러서 듣기〉, 넷째 주일에는 〈낮은 자세로 듣기〉로 설교했네. 이 시리즈의 특징은 매주 본문이 똑같다는 것이네. 누가복음 8장 4-15절의 내용을 네 부분으로 나누었기 때문이네. 본문을 여러 가지로 설명할 수 있겠지만 나는 듣기에 관한 말씀으로 설명하였네.

박 목사 두 가지 방식을 혼합하여 사용하면 성도들에게 많은 유익이 있을 것 같다는 생각이 듭니다.

목사님의 설명을 들으면서 한 가지 궁금한 것이 생겼습니다.

성경의 한 부분이 아니라 성경 전체를 가지고 시리즈 설교를 만들 수는 없습니까?

예를 들면, 말라기서나 요나서 같은 성경을 말하는 것입니다.

김 목사 나는 그런 설교를 여러 번 했다네. 예를 들어 보겠네.

룻기를 통하여 〈은혜 위의 은혜를 사모하라〉라는 시리즈 설교를 4주간 했네. 첫째 주일은 〈인생의 기근을 만나셨나요?〉(룻 1:1-22), 둘째 주일에는 〈삶이 막막하신가요?〉(룻 2:1-23), 셋째 주일에는 〈하나님의 특별한 도움이 필요한가요?〉(룻 3:1-18), 넷째 주일에는 〈해피엔딩의 인생을 원하세요?〉(룻 4:1-22)로 설교했네.

박 목사 성경을 먼저 연구하고 만들어진 시리즈 설교도 매력적인 것 같습니다. 이제 시리즈 설교를 이해할 수 있을 것 같습니다.

성도들이 시리즈 설교를 기대하고 듣게 하려면 무엇을 하면 좋을까요?

김 목사 주보에 시리즈 설교를 미리 실어 놓고 성도들에게 알려 주게. 성도들에게 본문을 읽도록 하고 말씀을 위하여 기도하도록 하게. 이렇게 하면 성도들이 기대하고 들을 것이네.

오늘은 여기까지 하도록 하겠네. 오늘 숙제는 성경 한 곳을 정해서 4주 시리즈를 만들어 보는 것이네.

> 오늘날 교인들은 수주 또는 수개월 동안 성경을 책별로 끝내는 식의 설교에 질려 있다. 그것도 로마서나 요한복음같이 긴 본문을 가지고 오랜 기간 설교하면 교인들이 많이 힘들어한다.
> "또 바울이냐?"
> "또 율법과 복음에 관한 이야기냐?"
> "성경에 재미있고 신선하고 새로운 사건과 인물이 얼마나 많은데, 우리는 언제 그런 설교를 들어 보나?"
> 이런 불평들이 여기저기서 쏟아져 나온다.[2]

---

2 신성욱, "강해 설교로 시리즈를 구성하라", 「목회와 신학」, 2017년 12월 호, 67.

제4부

설교 계발

❶ 집중이 안 되는 주일 오후에는 이 방법을 사용해 보라

❷ 설교를 활용하여 제자훈련을 해 보라

❸ 설교 노트는 집중하고 기억하는 데 도움을 준다

❹ 자료를 얻을 목적으로 다른 목회자의 설교를 듣지 말라

❺ 글쓰기는 설교문 작성에 크게 도움이 된다

❻ 설교자에게 독서는 선택이 아닌 필수다

❼ 독서할 때 '자이가르닉 효과'를 이용해 보라

❽ 일기를 일상의 기록으로 쓰면 설교에 도움이 된다

❾ 주보를 설교의 도우미로 활용해 보라

❿ '미리미리'가 여유와 평안의 열쇠다

집중이 안 되는 주일 오후에는
이 방법을 사용해 보라

박 목사 주일 오후 예배 설교를 어떻게 하면 좋을지 고민입니다. 점심을 먹은 후인지라 성도들이 집중을 잘 못합니다.
　평일에 잘 모이지 못하기 때문에 주일 오후 시간을 효과적으로 사용하고 싶습니다.
　좋은 방법이 없을까요?

김 목사 한국의 많은 목회자가 같은 고민을 하고 있을 것으로 생각하네. 많은 교회에서 주일 오후 예배를 찬양 예배라고 해서 다른 예배보다 찬양을 더 하면서 예배를 드리고 있는 것으로 알고 있네.
　언제부터인지 몰라도 주일 오후에 변화가 일어나고 있다는 소식을 듣고 있네. 어떤 교회들은 주일 오후에 예배를 드리지 않고 소그룹 모임을 하고, 어떤 교회들은 동아리 같은 모임을 하기도 한다네. 스포츠를 좋아하는 사람들은 스포츠 동아리로 모이고, 독서를 좋아하는 사람들은 독서 동아리로 모이는 식이네.
　주일 오후에 예배를 드리는 교회들이 앞으로 점점 줄어들 것이라는 생각이 드네. 아무래도 주일 오후 예배에 참여하는 성도들이 계속

줄고 있고, 피곤함으로 인해 집중도도 떨어지기 때문인 것 같네.

박 목사가 섬기는 교회는 어떻게 하고 있나?

박 목사 저희 교회도 주일 오후는 찬양 예배로 드리고 있습니다. 저희 교회도 참여 인원이 많지 않습니다.

김 목사 나는 지금 섬기는 교회에 부임한 후 주일 오후 시간을 어떻게 하면 더 의미 있게 보낼 수 있을까 많이 고민했다네. 여러 가지 시도를 해 보았네. 세계 교회사와 한국 교회사 강의도 하고, 성경을 책별로 강의하기도 했다네. 설교에 담을 수 없지만 성도들에게 필요한 것을 가르치기 위하여 많은 것을 시도했었네.

지금은 또 다른 방식으로 주일 오후 시간을 활용하고 있네. 지금까지 한 방식 중에서 가장 마음에 드는 방식이 지금 하고 있는 방식이네. 박 목사에게도 추천하고 싶은 방식이네.

박 목사 그것이 무엇입니까?

주일 오후 예배를 형식적으로 드리고 있기에 변화가 필요하다고 생각합니다. 저도 목사님께서 하신 것을 들어 보고 교회에 어떻게 적용할지 생각해 보겠습니다.

김 목사 우리 교회는 주일 오후 예배라고 하지 않고 '그리스도인의 소양 학교'라고 칭하고 모이고 있네. 주일 오후 예배를 이렇게 바꾸려면 성도들의 동의가 있어야 하니 성급하게는 하지 말게.

내가 이 학교를 하게 된 계기는 비록 참석 인원이 많지 않지만, 참석한 분들에게는 설교로 줄 수 없는 좋은 것을 주기 위해서네. 소양이라는 말은 '평소에 닦아 놓은 학문이나 지식'이라는 뜻인데, 그리스도인의 소양이라고 하면 '그리스도인이 알아야 할 기본 지식'이라는 의미로 해석할 수 있다네.

주일 오후 시간을 이용해서 교인들이 꼭 알아야 하는 지식을 가르치고자 이 소양 학교를 시작하였네. 전하는 방식은 파워포인트를 사용하는 방식으로 정했네. 이 방식이 성도들의 집중도를 높일 수 있기 때문이었네. 강의할 때 성도들에게 강의안을 만들어서 나누어 주고 있네. 이렇게 하면 전체적으로 집중도는 확실히 높아지네.

박 목사 어떤 내용을 강의하십니까?

내용이 집중도를 높이는 데는 제일 중요할 것 같습니다. 성도들이 자신에게 필요한 것이라면 집중해서 들을 것 같습니다.

김 목사 나는 오래전부터 책을 읽을 때 '이 책은 성도들에게 도움이 되겠다'라는 생각을 종종 했었네. 몇 년 전에는 주보에 책 추천하는 코너를 만들고 성도들에게 한 권씩 추천했다네.

그런데 바쁜 일상을 살아가는 성도들이 책을 구입하여 읽는다는 것이 어디 쉬운 일인가. 성도들에게 책을 읽으라고 하기보다는 내가 책의 내용을 정리해서 강의하는 것이 낫겠다고 생각했네. 이것을 주일 오후 소양 학교 시간에 하기 시작한 것이네.

박 목사 성도들이 좋아할 것 같습니다. 목사님이 좋은 책 한 권을 정해서 성도들에게 필요한 것을 강의해 주시면 성도들은 매주 책 한 권씩을 읽는 효과를 얻을 것 같습니다. 지금까지 어떤 책들을 가지고 무엇을 강의하셨는지 궁금합니다.

김 목사 교회에서 강의한 책 몇 가지를 소개하겠네.

성도들에게 불교에 관하여 알려 주고자 『인간 붓다와 신 예수』(정성민)를 소개했네. 이 책은 불교를 이해하는 데 도움이 되는 책이네.

불교와 더불어 이슬람에 관한 책도 소개했네. 『최소한의 이슬람』(황원주)은 이슬람을 바르게 이해하는 데 도움을 주는 책이네.

또한, 기독교인들이 평소에 궁금해하는 내용들이 담긴 책 『안녕하세요 목사님 질문 있어요』(김동호)를 소개했네. 이 책에는 이런 질문들이 있네.

"하나님은 왜 사탄을 없애지 않으시나요?"

"천국에도 상급에 차별이 있나요?"

성도들이 평소에 궁금한 것들이어서 강의하기에 좋았네.

이외에도 『사도신경이 앞고 싶다』(박성규), 『천국을 말하다』(존 맥아더), 『하나님은 우리를 어떻게 인도하시는가?』(폴 말라드), 『지옥은 없다』(프랜시스 챈·프레스 스프링클), 『하나님을 믿는다는 것은』(R. C. 스프로울), 『성경에 나타나는 천국, 천사, 지옥, 마귀』(R. C. 스프로울), 『예수님이 오셔서 죽으신 50가지 이유』(존 파이퍼), 『모두의 질문』(J. D. 그리어)과 같은 책을 강의했네.

이 책들에는 성도들이 알면 유익한 영적 지식이 들어 있네. 설교할 때 이런 내용들은 부분적으로 언급하지만, 이렇게 강의하면 깊고 넓게 설명할 수 있네.

<mark>박 목사</mark> 성도들이 목사님께서 소개하신 책들을 읽을 수만 있다면 신앙에 큰 도움이 될 것 같습니다. 현실적으로 성도들이 책을 읽기는 쉽지 않으니 목회자가 책의 내용을 정리하여 알려 준다면 성도들이 좋아할 것 같습니다.

<mark>김 목사</mark> 이 강의는 성도들에게 큰 유익이 되지만, 목회자 자신에게도 큰 유익이 된다네. 책이라는 것은 읽고 나면 잊어버리지 않는가. 책의 중요한 것을 열 가지 내외로 정리해서 강의하면 정리가 잘된다네. 강의하고 나니 머리에 선명하게 새겨진다는 느낌이 들었네. 이 강의를 통해서, 대충 알던 어떤 지식은 분명하게 알게 되었네. 이 강의를 하면 할수록 내가 얻는 것이 많았네.

<mark>박 목사</mark> 목회자에게 도움이 된다고 하시니 저도 해 보고 싶습니다. 한 가지 걱정이 되는 것이 있습니다. 이 강의를 준비하는 데 시간이 오래 걸릴 것 같습니다.
  강의는 좋은데 준비하는 데 시간이 오래 걸린다면 계속하는 데 어려움이 있지 않을까요?

김 목사 강의안 준비하는 것과 설교 준비하는 것은 다르네. 나는 이 강의안 준비하는 데 서너 시간 정도 걸린다네. 설교는 시간과 에너지가 많이 들지만, 책을 정리하고 강의하는 데는 그렇지 않네. 책 내용을 소개하는 것이기에 책을 보면서 중요한 부분을 강의안으로 만들면 된다네. 나는 책에서 중요한 내용을 열 개 내외의 꼭지로 만들고 40-50분 정도로 강의하고 있네.

박 목사 성도들이 주일 오전에는 설교를 통하여 영적 양식을 얻고, 오후에는 좋은 책을 통하여 영적 지식을 얻는다면 주일이 더 풍성해질 것 같습니다.

김 목사 오늘 숙제는 박 목사가 읽은 책 중에서 성도들에게 유익한 내용을 담고 있는 책을 한 권 선택하여 강의안을 만들어 보는 것이네.

설교를 활용하여 제자훈련을 해 보라

박 목사 한편의 설교를 위해서는 많은 시간과 노력이 들어가는 데 비해서 설교 활용도는 낮은 것 같습니다. 성도들은 설교를 들은 후 빨리 잊어버려서 그들의 삶에 영향을 제대로 끼치지 못하는 것 같습니다.

설교가 성도들의 삶에 지속적으로 영향을 미치게 하는 방법이 있을까요?

김 목사 설교가 지속해서 성도들에게 영향을 미치게 하는 방법이 있네. 그것은 설교로 제자훈련을 하는 것이네.

이 표현이 박 목사에게 생소할 것이라는 생각이 드는데, 박 목사는 설교로 제자훈련을 할 수 있다는 것을 생각해 본 적이 있는가?

박 목사 설교는 제자훈련을 하도록 동기 부여하는 정도로 생각하고 있습니다. 설교가 직접 제자훈련의 도구가 된다는 생각은 해 보지 않았습니다.

김 목사 제자훈련을 하는 이유가 무엇인가? 성도들을 예수님 닮게 만드는 것이 아닌가? 그렇다면 제자훈련의 방법을 다양하게 할 수 있네.

> 제자훈련의 궁극적 목적이 무엇인가?
> 간단히 말해서 예수 그리스도의 인격과 삶을 본받는 신자의 자아상을 확립하는 것이다. 예수처럼 되고 예수처럼 살기를 원하는 신앙인으로 만드는 데 있다.[1]

박 목사 설교가 제자훈련의 도구가 되기 위해서는 전략적 접근이 필요할 것 같습니다. 설교 자체를 가지고 제자훈련이라고 말하기는 적절하지 않을 것 같습니다.

김 목사 설교 자체를 제자훈련의 하나라고 말하기는 어렵네. 훈련할 때는 목표가 분명해야 하고, 성도들이 주님을 따르는지도 확인해야 하기 때문이네.

나는 코로나 시기에 성도들이 모이지 않는 가운데 성도들을 훈련할 방법을 두고 기도하면서 고민했었네. 그때 찾은 방법이 설교를 통한 제자훈련이었네. 이 방법은 각자의 삶의 현장에서 훈련받는 방식이네. 동기 목회자가 코로나 시기에 문자를 통해서 성도들을 훈련하는 것을 알고 나서 이 방식을 설교를 통한 제자훈련에 적용했다네.

---

1 옥한흠, 『평신도를 깨운다』 (국제제자훈련원, 2024), 194.

박 목사 모이지 않고 문자를 통한 훈련이라고 하니 매우 궁금합니다. 구체적으로 말씀해 주세요.

김 목사 나는 시리즈 설교를 제자훈련의 도구로 활용했네. 제자훈련의 도구로 사용한 시리즈 설교 중 하나가 야고보서 2-3장으로 된 〈성숙한 그리스도인의 네 가지 모습〉이라는 4주 시리즈 설교였네. 첫째 주일 설교는 〈차별하지 않는다〉(약 2:1-13), 둘째 주일 설교는 〈행동하는 믿음이 있다〉(약 2:14-26), 셋째 주일 설교는 〈덕스러운 말을 한다〉(약 3:1-12), 넷째 주일 설교는 〈하늘의 지혜가 있다〉(약 3:13-18)였네.

이 시리즈 설교를 하기 2주 전에 훈련생을 모집했네. 선착순으로 20명을 모았네. 훈련생을 모은 후에 주일 설교를 잘 들을 것을 먼저 요구했다네. 월요일부터 금요일까지 매일 아침에 문자로 숙제를 발송했네. 훈련받는 분들이 아침에 받은 문자의 내용대로 가정에서 그리고 일터에서 실천하도록 했네. 저녁에 다시 문자로 숙제를 했는지와 숙제를 하면서 어떤 경험을 했는지를 묻고 담임목사에게 문자로 보고하도록 했네.

박 목사 문자를 통해 매일 숙제를 하도록 하고 숙제를 했는지를 담임목사가 확인하니 제자훈련이라고 할 수 있을 것 같습니다.

훈련생들이 저녁에 목사님께 문자를 보내면 목사님은 그 문자에 답장을 하셨습니까?

김 목사 나는 저녁에 온 문자를, 그다음 날 새벽기도를 마치고 일일이 다 읽어 보고 답장을 보냈다네. 이때 주로 격려와 칭찬의 문자를 보냈다네. 훈련생의 문자가 부실할 때는 제대로 하도록 권면도 했었네. 담임목사가 아침마다 훈련생들에게 격려와 위로의 문자를 보내니 훈련생들도 힘을 얻는 것 같았네. 이렇게 문자를 주고받으니 담임목사와 훈련생들 간에 소통이 잘되었네.

박 목사 4주간 매일 문자를 주고받으면 담임목사와 훈련생들 사이에 영적인 교제가 잘될 것 같습니다.
아침 몇 시에 훈련생들에게 문자를 보내십니까?
저녁 몇 시까지 훈련생들은 담임목사에게 문자를 보내야 합니까?

김 목사 문자는 매일 아침 7시와 저녁 7시에 발송한다네. 앞에서 언급했듯이 아침 문자에는 숙제가 들어 있고 저녁 문자에는 자기 전에 담임목사에게 문자로 숙제한 것을 보고하라는 내용이 들어 있네.

박 목사 훈련생들은 4주간 아침과 저녁에 문자를 받으니 그 시간에는 긴장이 될 것 같다는 생각이 듭니다. 보내신 문자의 구체적인 내용을 알려 주세요.

김 목사 첫째 주일에 〈차별하지 않는다〉(약 2:1-13)라는 제목의 설교를 들은 훈련생들에게 그다음 날 월요일 아침 7시에 이런 문자를 보냈네.

"기도로 하루를 시작하시기 바랍니다. 주님을 따르는 성숙한 자는 사람을 차별하지 않는다는 설교를 어제 들으셨습니다. 차별이 죄라는 것을 아셨을 것입니다. 오늘 하루 사람들을 외적인 조건으로 대하지 마시고 하나님의 형상을 가진 존재로 대하시기 바랍니다. 그리고 상대에게 존중의 말을 해 보시기 바랍니다."

저녁 7시에 보낸 문자는 이렇네.

"오늘 하루 살아가면서 사람을 외적으로 판단하고 무시한 적은 없었는지 되돌아보세요. 오늘 누구에게 존중의 말을 어떻게 하셨는지 담임목사님께 문자로 보고해 주시기 바랍니다. 기도로 하루를 마무리하세요."

박 목사 훈련생들은 저녁에 보고해야 하니 그날 오전에 받은 문자대로 실천을 할 것 같습니다. 훈련생들의 문자도 궁금합니다. 그들의 문자를 하나 공개해 주세요.

김 목사 훈련생 한 사람의 문자를 공개하겠네.

"차별이 죄라는 것을 어제 말씀을 듣고 알았습니다. 오늘 직원들을 교육할 때 모두를 따뜻한 눈빛으로 보았습니다. 그들 모두에게 관심을 가지고 대했습니다. 존중의 말을 했습니다. 그랬더니 신기하게도 그들이 이전과 다르게 보였습니다. 그들도 이전과 다르게 자신들을 대하는 저를 보면서 제게 호의적으로 반응했습니다."

이 훈련생은 구체적으로 어떤 말을 했는지를 적지 않았지만, 숙제를 잘했다는 것을 알 수 있었네.

박 목사 이 훈련 없이 그냥 주일 설교만 들었으면 이런 실천은 쉽지 않았을 것 같습니다. 아침에 문자를 보면서 전날 들은 설교를 다시 떠올릴 수 있었을 것 같습니다.

> 우리는 예수 그리스도 안에서 영적으로 성숙하고 건강한 성도를 세우는 데 목표를 두고 교회의 전반적인 사역을 해 나가야 한다. 그리고 그 목표를 달성하는 데 설교가 중요한 역할을 한다.[2]

김 목사 이 훈련의 강점은 주일 설교를 집중해서 듣게 하는 것이네. 설교를 제대로 못 들으면 훈련을 받기 어렵기 때문이네. 어떤 훈련생은 주중에 교회 홈페이지에서 설교를 다시 듣기까지 했다네.

박 목사 4주 훈련 후에 성도들에게 어떤 변화가 있었는지 궁금합니다.

김 목사 4주 후에 훈련생들에게 소감문을 작성하도록 부탁했다네. 그들이 훈련에서 무엇을 느끼고 무엇이 좋았는지를 쓰도록 했다네. 훈련생 한 분의 소감문을 공개하겠네.

"한 달 동안 하루도 빠짐없이 나의 욕구와 감정을 억제하며 예수님의 모습을 따라 살아간다는 것이 쉬운 일은 아니었습니다. 그러나 매일 하나님께서 지켜보고 계신다는 것을 의식하며 조금이라도 예수

---

[2] 스콧 깁슨, 『주일 강단을 제자훈련의 기회로 활용하라』, 최우성 옮김 (국제제자훈련원, 2014), 87.

님의 모습을 흉내 내며 살아가도록 노력할 때, 먼저 주위 사람들과의 관계가 덜 불편해지고 서로 얼굴을 붉힐 일이 없었던 것 같습니다. 그리고 여러 가지 걱정거리와 고민에 대해서도 불안감이 줄어들고 마음에 평안이 깃듦을 느낄 수 있었습니다."

박 목사 이분의 문자를 보니 4주 훈련이 도움이 많이 된 것 같습니다. 저도 꼭 해 보고 싶습니다.
　오늘 숙제는 무엇입니까?

김 목사 오늘 숙제는 이번 주일 설교를 수단으로 제자훈련을 한 주간 한다고 생각하고 월요일부터 금요일까지 훈련생들에게 보낼 문자를 만들어 보는 것이네.

3
설교 노트는 집중하고 기억하는 데 도움을 준다

박 목사 주일 설교를 잘 기억하지 못하는 성도들을 볼 때마다 낙심됩니다.

성도들을 설교에 집중하게 하고 기억을 잘하게 하는 방법이 있을까요?

김 목사 박 목사는 성도들이 설교에 집중하지 못하는 이유가 무엇이라고 생각하는가?

박 목사 설교 내용이 그들의 마음에 와닿지 않기 때문인 것 같습니다. 목회자가 설교를 잘하면 성도들도 집중을 잘할 것 같은 생각이 듭니다.

김 목사 설교 내용이 좋으면 당연히 청중은 집중을 잘한다네. 그렇지만 설교의 내용이 아무리 좋아도 설교 내내 집중하는 것은 어렵네. 오랫동안 집중하는 것은 어렵다네.

> 설교든 가르침이든 성경 공부 인도든, 사람들의 주의를 계속 사로잡겠다는 생각은 잊으라. 그들의 관심을 되찾는다는 관점에서 시작해야 한다. 어떤 전달자라도 우리 정신을 아주 오랫동안 확고히 장악할 수는 없다.[1]

박 목사 목사님의 말씀에 전적으로 동의합니다. 저도 다른 목회자의 설교를 들을 때 온전히 집중하는 것이 어렵기 때문입니다.

성도들이 설교에 집중하도록 도울 수 있는 방법이 있을까요?

김 목사 나는 설교를 준비할 때 성도들을 위하여 만드는 것이 하나 있네. 그것은 설교 노트일세. 나는 오랫동안 설교 노트를 만들어서 성도들이 설교를 듣는 데 도움을 주고 있네.

박 목사 설교 노트라는 용어는 익숙합니다.

정확히 어떤 것입니까?

주일 설교 내용을 요약한 것을 말하는 것입니까?

김 목사 설교 노트에는 설교 전체 윤곽이 들어 있네. 대지의 제목이 들어 있고, 각 대지에 들어가는 성경 구절들이 들어 있네. 대지마다 한두 개의 성경 구절을 사용하는데 그 구절들이 들어 있네.

설교 노트가 있으면 성도들이 설교 시간에 성경을 펼쳐서 성경 구절을 찾을 필요가 없네. 설교할 때 이 구절들을 성도들과 함께 읽는

---

[1] 뮤리얼 엘머 · 두에인 엘머, 『뇌 과학과 사회과학이 말하는 가르침의 여정』, 홍종락 옮김 (IVP, 2022), 74.

다네. 정신이 약간 풀어질 때 함께 성경 구절을 읽으면 다시 집중하는 데 도움이 된다네.

박 목사 설교 노트를 보면서 설교를 들으면 설교를 잘 따라갈 수 있을 것 같습니다. 끝나는 시점도 알 수 있을 것 같아서 집중하는 데 도움이 될 것 같습니다.

김 목사 나는 단지 설교 때 성도들이 참고하는 용도로 설교 노트를 나눠 주는 것은 아니네. 설교 노트에 직접 손으로 설교 내용을 쓰도록 돕기 위함이네. 그래서 대지 제목에는 괄호를 넣어 둔다네.
 예를 들면, 이런 식이네.

 대지 1. 사탄은 우리가 (   )에 귀 기울여 듣는 것을 싫어한다.
 대지 2. 하나님의 말씀을 자세히 듣고 (   )하는 자는 구원받는다.

 성도들은 괄호의 내용이 뭔지를 모르니 자세히 듣게 되고 그것을 설교 시간에 적는다네.

박 목사 강의를 들을 때 메모하면 집중이 잘된다는 것을 들은 적이 있습니다.

> 메모를 하면 집중력이 올라가서 정보를 듣는 순간 잘못 들을 가능성이 줄어든다. (중략)

이는 쓰기로 인해 뇌간의 망상활성계(RAS)가 자극받기 때문이다. RAS란 뇌에서 주의력을 관장하는 사령탑이다.[2]

김 목사 설교 시간에 메모하면 집중력도 올라가지만, 기억도 잘할 수 있네. 설교를 듣고 나면 쉽게 잊어버리지 않는가. 설교 노트에 메모하게 되면 설교를 오래 기억하는 데 도움을 준다네.

에빙하우스는 사람의 기억력이 얼마나 지속되는지 실험하기 위해 무려 16년 동안 실험을 진행했는데 그 결과 매우 빠른 속도로 기억을 잃는다는 사실을 증명했다.
얼마나 빠르냐 하면, 지식을 습득한 지 10분이 지나면 바로 잊어버리기 시작하고, 한 시간이 지나면 배운 지식의 50퍼센트 정도를 잊어버리며, 하루가 지나면 무려 70퍼센트를 잊고 만다.
그런데 손으로 직접 기록을 해 두면 귀로 듣기만 할 때보다 훨씬 더 기억에 잘 남는다. 귀로 들은 내용을 일단 뇌에서 한 번 처리하고, 손으로 쓰면서 그 내용을 한 번 더 뇌에 각인시키기 때문이다.[3]

박 목사 설교 노트를 사용하면 두 가지 큰 유익이 있네요. 저도 설교 노트를 해 봐야겠습니다.

설교 노트의 크기는 어떻게 되는지요?

---

2 가바사와 시온, 『야근은 하기 싫은데 일은 잘하고 싶다』, 이정미 옮김 (북클라우드, 2018), 1장: 중요한 것만 남기고 과감히 버린다, 전자책.
3 전인우, 『브레이킹 루틴』 (중앙북스, 2021), 2장: 공부, 새로운 삶을 위한 가장 쉬운 지렛대, 전자책.

김 목사 설교 노트는 A4 용지의 2분의 1 크기이며 색깔 있는 종이를 사용하네. 설교 노트 종이를 주보와 구분하기 위함이네. 설교 노트 앞뒤에 들어가는 내용은 서론, 대지 1, 2의 제목과 성경 구절, 마지막으로 실천을 위한 적용이네.

박 목사 설교 노트의 마지막에 있는 '실천을 위한 적용'에는 어떤 내용이 들어갑니까?

김 목사 '실천을 위한 적용'에는 설교를 듣고 삶에 적용하도록 3-4줄 정도로 간단하게 적용을 적는다네.

예를 들어 보겠네. 〈예수님처럼 사랑하고 산다면 진리와 함께 기뻐할 것이다〉(눅 7:36-50)라는 제목의 설교에서 실천을 위한 적용은 이렇네.

"그리스도인은 사랑의 사람이어야 한다. 왜냐하면, 예수님의 제자는 사랑의 사람이라고 주님이 말씀하셨기 때문이다. 당신이 주님의 제자라면, 이번 주간에 가정과 직장에서 그리고 학교에서 사랑의 삶을 살아야 한다. 당신이 할 수 있는 사랑을 구체적으로 쓰고 실천해 보라."

박 목사 설교 노트에 적용이 있으니 성도들은 숙제 같은 느낌이 들 것 같습니다. 성도들이 설교를 듣고 무엇을 해야 할지를 알 것 같습니다. 특별히 소그룹 모임에서 나눌 때 이 적용 부분을 읽고 서로 대화하면 좋을 것 같습니다.

김 목사 우리 교회에서는 매년 초에 설교 노트를 1년 동안 모을 수 있도록 설교 노트철을 판매한다네. 설교 노트에 열심히 설교 내용을 적고 1년 동안 설교 노트를 모은 분들에게는 상을 준다네. 단지 상 때문에 설교 노트를 모으지는 않지만, 상이 설교 노트를 모으는 데 도움이 되기는 하네. 약간의 동기 부여가 되는 것 같네.

성도들의 설교 노트를 볼 때 힘이 난다네. 설교를 열심히 들었다는 것을 알 수 있기 때문이네.

박 목사 성도들의 설교 노트를 보면 힘이 날 것 같습니다. 저도 한번 해 봐야겠습니다.

김 목사 오늘 숙제는 주일 설교 노트를 한번 만들어 보는 것이네.

자료를 얻을 목적으로
다른 목회자의 설교를 듣지 말라

박 목사 저는 설교를 잘한다고 소문난 목회자들의 설교를 종종 듣습니다.
다른 목회자들의 설교를 자주 듣는 것이 좋습니까?
아니면 듣지 않는 것이 좋습니까?

김 목사 다른 목회자들의 설교를 들어도 되든지를 이야기하기 전에 박 목사에게 묻고 싶은 것이 있네.
박 목사는 다른 목회자들의 설교를 듣는 이유가 무엇인가?

박 목사 솔직히 말씀드리자면, 자료를 얻기 위해서 듣습니다. 다른 목회자들의 설교를 통해 좋은 자료를 얻을 수 있습니다. 그런 자료가 제 설교에 도움이 됩니다.

김 목사 설교를 잘하고 싶은 마음으로 좋은 자료를 찾아다니는 박 목사의 모습에서 예전의 내 모습이 보이네. 나도 다른 목회자들의 설교와 설교집을 통해 예화를 수집한 적이 있었네. 유명한 목회자들의 설교집에서 좋은 예화 자료를 얻을 수 있었네. 물론, 지금은 하지 않네. 이렇게 하지 않는 데는 이유가 있네.

박 목사 사실 목회자들의 설교는 좋은 예화나 자료를 얻는 데 매우 손쉽고 좋은 방법입니다.
이 좋은 방법을 사용하지 않으시는 이유는 무엇입니까?

김 목사 이것은 수고하지 않고 열매를 얻는 방법이기 때문이네. 성경에 "스스로 속이지 말라 하나님은 업신여김을 받지 아니하시나니 사람이 무엇으로 심든지 그대로 거두리라"(갈 6:7)라는 말씀이 있네.
이 말씀이 설교와 무슨 상관이 있다고 생각하는가?

박 목사 열심히 설교 준비하라는 말씀으로 들립니다.

김 목사 목회자의 설교는 심는 사역이라네. 성도들의 마음에 말씀의 씨앗을 심는 사역이네. 말씀을 준비할 때는 힘들게 하는 것이 옳다는 의미네.
이 말씀 후에 "우리가 선을 행하되 낙심하지 말지니 포기하지 아니하면 때가 이르매 거두리라"(갈 6:9)라는 말씀이 있네. 씨를 뿌리고 열매를 거두려면 서두르면 안 된다는 말씀이네. 말씀이 씨앗이고 목회자가 말씀의 씨앗을 심는 자라면, 잘 심는 데 초점을 둬야 하는 것이네.

박 목사 목사님의 말씀을 듣고 보니 제가 급하게 열매를 얻으려고 했던 것 같습니다.

그럼 다른 목회자들의 설교를 듣지 말아야 합니까?

김 목사 듣는 것은 괜찮지만 자료를 얻기 위한 수단으로 설교를 듣지는 말게. 다른 목회자들의 설교를 들을 때 배우는 자세로 듣는 것은 괜찮네. 설교자가 어떻게 설교했는지를 살펴보게. 성경을 설명하는 방식, 예화를 사용하는 방식 그리고 적용하는 방식을 살펴보라는 이야기네. 이것은 젊은 목사에게 필요한 자세라네. 세상의 전문가들도 이렇게 배운다네. 더 잘하는 사람의 모습을 보고 배우는 것이네.

> 제가 아는 강사 지망생 중에는 명강사로 소문난 수백 명의 강의를 들은 사람도 있습니다. 명강사들이 강의한다고 할 때마다 현장에 나타나 열심히 메모하며 경청합니다. 그 정도의 열성이 있고 내공이 쌓이면 명강의는 얼마든지 가능합니다. 저는 35년간 강의를 한 사람입니다. 하지만, 지금도 틈나는 대로 유명인의 강의를 들으며 스타일을 다듬는 노력을 합니다.[1]

박 목사 설교를 배우기 위해 다른 목회자의 설교를 듣는다는 말씀이 맞는 것 같습니다. 무엇이든지 배우려면 대가들에게 배우는 것이 좋기 때문입니다.

---

[1] 조관일, 『청중을 사로잡는 명강의 기술』(21세기북스, 2013), 제3단계: 강의 스타일 다듬기와 맞춤 전략, 전자책.

김 목사 다른 목회자들의 설교 영상을 너무 자주 보지는 말게. 다른 목회자들의 설교 영상을 자꾸 보게 되면 모방할 수 있네. 오래전에 어떤 목회자의 설교 영상을 자주 보았네. 어느 날 은연중에 그 목회자를 모방하고 있다는 것을 깨달았네. 이것을 안 후 더 이상 그 목회자의 설교 영상을 보지 않았네.

하나님 앞에서 우리는 각자 다른 목회자라는 것을 잊지 말게. 하나님은 각 목회자의 은사와 경험과 지식을 사용하신다네. 우리는 모두 다 부족하네. 완벽한 설교자는 없네. 그렇다면 우리가 할 수 있을 만큼만 하면 된다네. 더 좋은 설교자가 되기 위해서 성장하는 것은 계속해야 하네.

박 목사 목사님의 말씀이 맞는 것 같습니다. 하나님께서 저를 통해 하시고자 하는 일이 있을 것입니다. 다른 목회자를 모방하는 것은 하나님 앞에서 올바른 설교자의 자세가 아닌 것 같습니다.

김 목사 하나님은 목회자들이 똑같아지기를 원하시지 않는다네. 예수님의 제자들을 보게나. 다 다르지 않은가. 구약의 선지자들도 다 다르지 않은가. 각자의 개성을 사용하셔서 성경을 쓰게 하신 것을 보면 목회자는 자신에게 주신 은혜대로 설교하면 된다네. 목사는 자기 자신을 잘 계발할 필요가 있네.

박 목사 저만의 설교를 하기 위해 어떻게 해야 합니까?

김 목사 설교를 잘하면 교회가 부흥한다는 식의 생각을 하지 말게. 설교는 교회를 성장시키는 방법으로 주신 것이 아니라네. 자신을 유명하게 만들기 위한 수단으로 주신 것도 아니네.

하나님의 사랑을 받고 있는 성도들에게 필요한 것이 무엇인지를 살피고 성도들을 사랑하는 마음으로 천천히 말씀을 먹이도록 하게. 즉, 멀리 바라보고 조금씩 하면 되네. 나머지는 하나님께서 하실 것이네.

오늘은 여기까지 하겠네. 오늘 숙제는 다른 목회자의 설교 영상을 하나 보고 배울 것 하나만 찾아보는 것이네.

> 우리 마음의 정체감을 엔진에 비한다면, 그 동력원으로 고효율의 청정 연료도 있고 엔진을 오염시켜 망가뜨리는 연료도 있다. 더러운 연료는 두려움, 자신을 입증하려는 욕구, 남에게 꼭 필요한 존재가 되려는 욕구, 자신을 무절제하게 다 표현하려는 욕구다. 이런 많은 연료가 한동안 우리 삶을 끌고 나갈 수 있다. 그러나 탈진과 실망으로 끝나지 않을 깨끗한 연료는 하나뿐이다. 곧 당신을 향한 하나님의 사랑뿐이다. 다른 연료는 다 악마로 변한다.[2]

---

2 팀 켈러, 『팀 켈러의 인생 질문』, 윤종석 옮김 (두란노, 2019), 163.

글쓰기는 설교문 작성에 크게 도움이 된다

박 목사 설교문을 쓰다가 막힐 때가 종종 있습니다. 이럴 때 스트레스를 많이 받습니다.
　설교문을 잘 쓰는 방법은 없을까요?

김 목사 설교문을 막힘없이 쓸 수 있는 한 가지 방법이 있기는 하네. 글쓰기를 잘한다면 설교문을 잘 쓸 수 있네.
　박 목사는 설교문 작성 외에 글쓰기를 정기적으로 하고 있는가?

박 목사 따로 글쓰기를 하고 있지는 않습니다. 설교문 작성만 하고 있습니다.

김 목사 목회자 대부분이 그럴 거야. 나도 예전에 그랬으니까. 설교문을 쓰는 것 이외에 글쓰기를 하는 것이 필요하네. 설교문 작성도 글쓰기이기는 하네. 그렇지만 일반적인 글쓰기와 다른 점이 있네. 어떤 주제에 대해 글을 쓰라고 하면 쉽게 쓰지 못하는 목회자가 많네.

박 목사 제가 그런 것 같습니다. 한 주제를 가지고 글을 쓰라고 한다면 잘 쓰지 못할 것 같습니다.

왜 그럴까요?

왜 설교문 작성을 많이 해도 일반적인 글쓰기를 잘하지 못할까요?

김 목사 설교문을 작성할 때는 많은 자료를 사용하지 않는가. 성경, 주석 그리고 책에서 가져온 자료를 사용하여 글을 쓰네. 반면에 일반적인 글쓰기는 여러 가지 자료보다는 자기 생각을 잘 정리하는 것이 중요하네.

박 목사 설교문과 일반적인 글쓰기의 차이를 알 것 같습니다.

그렇다면 왜 쉽지 않은 글쓰기가 필요합니까?

어차피 목사는 설교문 작성이 제일 중요하니 일반적인 글쓰기를 할 필요가 없을 것 같다는 생각이 듭니다.

김 목사 설교문을 쓸 때 막히는 이유가 무엇인가?

생각 정리가 잘 안 되기 때문이네. 자료가 많을지라도 결국에는 생각이 정리되어야 하네.

만약 박 목사가 어떤 주제로 글을 쓰는데 다른 자료를 전혀 참고할 수 없다면 어떻게 할 것인가?

박 목사 제가 그동안 들었고 읽었던 것을 끄집어내려고 애쓸 것 같습니다. 잘될지 모르겠습니다.

김 목사 나는 오래전에 『8분 글쓰기 습관』을 읽었네. 그 책에서 저자는 주제를 하나 정해서 8분 글쓰기를 해 보라고 했네. 그래서 정말 타이머를 맞추고 8분간 써 보았네. 〈하나님의 사랑〉이라는 제목으로 글을 써 보았는데 A4 용지를 거의 채웠네. 내가 쓴 글을 보고 놀랐네. 내 속에 있는 것들이 나왔기 때문이네.

> 8분은 글쓰기 목표를 이루는 데 필요한 일을 적잖이 해내기에 충분한 시간이다. 웬만큼 원고를 쓰고도 남는다. (중략) 게다가 8분으로 글 쓸 시간을 한정해 놓으면 훨씬 빨리 쓰게 된다. 8분이라는 시간 제약은 더 빠른 속도로 글을 쓰게 만든다.[1]

박 목사 그동안 읽은 책과 경험을 글쓰기를 통하여 건져 올려서 정리할 수 있다면 설교문 작성에 많은 도움이 될 것 같습니다.

김 목사 낚시꾼은 바다에 물고기가 얼마나 있는지 어디에 있는지 모르지 않는가?

그런데 낚싯줄을 내리면 물고기들이 걸려드는 것처럼, 주제를 정해서 글쓰기를 한다면 자신 속에 있는 것들이 하나씩 걸려 올라오는 것을 경험하게 된다네.

---

[1] 모니카 레오넬, 『8분 글쓰기 습관』, 홍주현 옮김 (사우, 2021), 2장: 매일 꾸준히 쓰게 해 주는 전략 8가지, 전자책.

> 글쓰기가 사고력을 키우는 가장 유용한 방법인 이유는 머릿속에 든 생각을 밖으로 끄집어내 대상화하기 때문입니다.[2]

박 목사 목회자에게 글쓰기가 정말 필요한 것 같습니다. 설교문 작성을 막힘없이 할 수 있는 방법이 될 것 같습니다.

김 목사 글쓰기를 잘하게 되면 설교문 작성이 용이해질 수밖에 없네.

글쓰기를 통하여 두 가지 유익을 얻을 수 있네.

첫째, 창조적인 설교문을 작성할 수 있다네. 글쓰기가 된다는 것은 자신 속에 있는 것들을 건져 올릴 수 있다는 것이네. 그렇다면 설교문을 창조적으로 작성할 수 있네.

둘째, 설교 준비 시간이 줄어든다네. 설교문 작성에 막힘이 없다면 설교 준비 시간은 줄어들 수밖에 없네.

> 목회 연륜이 쌓일수록 글쓰기가 성장하지 못하면, 설교할 때마다 머리를 쥐어뜯어야 한다. 그렇다고 글이 써지는 것도 아니다. 하지만, 글쓰기에 성장이 이루어지면 설교 준비 시간이 대폭 줄어든다.[3]

2　송숙희, 『150년 하버드 사고력 수업』(유노북스, 2024), 3교시: 생각의 질서를 어떻게 잡는가, 전자책.
3　김도인, 『설교는 글쓰기다』(CLC, 2019), 126.

박 목사 목회자는 자신만의 설교를 해야 하는데 그 방법이 바로 글쓰기네요. 그럼 글쓰기 훈련하는 방법을 알려 주세요.

김 목사 앞에서 언급한 8분 글쓰기 외에 추천하고 싶은 또 한 가지 방법이 있네. 신문의 사설이나 칼럼을 베껴 쓰는 것을 해 보게. 베껴 쓸 때 손으로 쓰는 것을 추천하네. 만약에 손으로 쓰는 것이 힘들다면 타이핑으로라도 하게. 글을 쓰는 데 도움이 많이 된다네. 나는 종종 이렇게 한다네. 시간이 오래 걸리지 않으면서 글쓰기 실력을 올리는 좋은 방법이니까 꼭 해 보게.

> 신문 칼럼을 매일 베껴 쓰기 하면 신문 기자처럼 글을 잘 쓸 수 있게 된다. 신문 기자들 중에서도 '고수급'인 논설위원이 쓴 1,000자 내외의 칼럼을 매일 베껴 쓰기 하면 논리적이고 객관적이면서도 정서적인 설득을 동반한 한 편의 글을 잘 쓰게 된다.[4]

박 목사 저도 들은 적은 있는데 해 보지는 않았습니다. 목사님이 강력하게 추천하시니 해 보겠습니다.
오늘 숙제는 무엇입니까?

김 목사 숙제는 신문의 사설이나 칼럼 하나를 선택하여 베껴 쓰기를 하는 것이네.

---

4 송숙희, 『최고의 글쓰기 연습법 베껴 쓰기』(대림북스, 2013), 35.

6

설교자에게 독서는
선택이 아닌 필수다

 박 목사 목회자가 책을 많이 읽어야 한다는 것을 알면서도 잘 안 됩니다. 매일 설교 준비하고 이런저런 일을 하다 보면 일주일에 책 한 권을 읽기가 쉽지 않습니다.

어떻게 하면 책을 읽을 수 있을까요?

 **김 목사** 박 목사의 상황을 이해 못하는 것은 아니지만 그래도 책을 읽어야 하네. 아무리 바빠도 밥은 먹지 않는가. 잠은 자지 않는가. 독서는 시간이 없어서 못하는 것이 아니네. 독서를 해야 할 필요성을 못 느끼기 때문이네.

박 목사 가만히 생각해 보면 목사님의 말씀이 맞는 것 같습니다. 읽는 것이 좋다고 생각만 할 뿐이지 꼭 읽어야 한다는 생각은 안 하는 것 같습니다.

설교자가 독서를 해야 할 이유가 무엇입니까?

김 목사 설교자는 성경을 해석해 주는 자만은 아니라네. 성경만 해석해 준다면 굳이 독서할 필요가 없네. 설교자는 성경을 성도들의 삶과 연결해 주는 자일세. 목회자는 성경도 알아야 하지만 세상과 사람도 알아야 하네. 세상과 사람을 아는 데 도움을 주는 것이 바로 독서라네.

> 설교란 도대체 무엇인가?
> 설교에 대한 많은 정의가 있을 수 있다. 설교학자 존 스토트(John Stott)는 설교를 '다리 놓기'(Bridge-building)라고 한다. (중략) 참된 설교란 성경의 세계(ancient world)와 오늘의 세계(modern world) 사이에 다리를 놓는 작업이라고 한다.[1]

박 목사 독서를 하지 않는 목사님들 중에도 설교를 잘하는 분들이 계시던데요. 이분들은 성경과 기도를 강조하십니다. 이분들을 보면 목회자에게 독서는 필수가 아니라 선택인 것 같습니다.

김 목사 독서가 설교를 효과적으로 하는 유일한 방법은 아니네. 하나님은 독서를 잘하는 설교자도 쓰시고 독서를 잘하지 않는 설교자도 쓰신다네. 박 목사가 책을 읽지 않고 하나님께 쓰임받을 수 있다면 그렇게 해도 되네. 그렇지만 인간이 가진 한계를 고려해야 하네. 독서를 할 때와 하지 않을 때 박 목사에게 일어날 수 있는 차이를 생

---

1 주승중, 『성경적 설교의 원리와 실제』(예배와설교아카데미, 2006), 15.

각해 보게. 좋은 책을 한 권만 읽어도 설교에 도움을 받을 수 있네. 책을 한 권 읽었는데 그 책에서 좋은 예화나 자료를 발견했다고 생각해 보게.

책의 예화와 자료를 사용하여 청중이 더 쉽게 이해할 수 있도록 설교하였다면 박 목사는 독서를 계속하려고 하지 않겠는가?

박 목사 책을 읽고 좋은 자료를 발견하여 설교에 도움이 되었다면 독서를 계속할 것입니다.

김 목사 독서는 하지 않는다면 필요성을 못 느끼네. 고기도 먹어 본 사람이 먹는다고 하지 않는가. 독서도 하는 사람이 계속한다네. 책을 계속 읽게 되면 단순히 설교의 자료를 얻는 것 정도가 아니라 사고의 깊이가 달라지고, 세상을 보는 관점이 넓어지네. 목회자가 독서를 계속한다면 성도들의 필요를 더 잘 알게 되고, 그들에게 필요한 말씀을 전할 가능성이 커지네.

설교자를 어머니에 비유하자면 영양이 풍부하고 맛있는 말씀의 요리를 할 가능성이 커지는 것이네. 설교는 요리와 비슷한 면이 있네.

> 설교를 종종 영적인 음식에 비유한다. 목자가 양에게 꿀을 먹이듯 목회자가 성도에게 말씀을 먹인다. 좋은 말씀은 성도의 영혼을 건강하게 만든다.[2]

---

[2] 권 호, 『최상의 설교』(아가페출판사, 2023), 23.

박 목사 설교가 요리라는 표현이 인상적입니다. 설교가 요리라면 독서는 선택이 아니라 필수인 것이 맞습니다.

김 목사 독서는 사람을 알고 세상을 아는 최고의 방법이네.

목사는 자칫 교회 안에 갇혀 있어서 세상 돌아가는 것을 모를 수 있다네. 그러면 현실과 동떨어진 설교를 할 수 있네. 그래서 신문이나 책을 열심히 읽어야 한다네. 세상의 모습을 성경에 비추어 보고 해석하는 것이 필요하네.

> 크리스천에게 독서는 지적 욕망의 도구가 아니다. 하나님을 알고 세상과 사람을 알아 가는 과정이요, 사랑을 위한 첫걸음이다.
> 목사로서 교회를 위한 수많은 계획과 기도의 제목을 마음에 품고 살아갈 것이다. 그 첫걸음은 하나님의 말씀을 읽는 일로부터 시작해야 한다. 나아가 세상과 그 세계를 살아가는 크리스천들의 삶을 알아 가기 위한 독서의 강화로 이어져야 한다. 인간 존재를 이해하고 하나님의 사람으로 나와 성도들을 준비시켜 가기 위한 독서가 필요하다.[3]

박 목사 독서를 안 하면 설교를 잘하는 것이 어렵겠네요. 그럼 책만 많이 읽으면 설교를 잘할 수 있습니까?

---

3 장대은, 『목사의 독서법』(생명의말씀사, 2021), 53-54.

김 목사 책을 많이 읽는 것도 중요하지만, 무조건 많이 읽는 것이 설교를 효과적으로 할 수 있는 방법은 아니네. 한 권의 책이 열 권의 책과 맞먹는 가치를 지니고 있을 수 있네. 열 권을 읽은 사람과 한 권을 읽은 사람이 별 차이가 없을 수 있네.

책을 많이 읽어도 쉽게 잊어버린다면 무슨 유익이 있겠는가?

책을 많이 읽는 것도 필요하지만 더 중요한 것은 그것을 잘 정리해서 필요할 때 적절하게 활용할 수 있어야 하네.

박 목사 좋은 책을 읽으려면 무슨 책이 좋은 책인지를 알아야 하는데, 그것을 어떻게 알 수 있습니까?

김 목사 두 가지로 알 수 있네. 하나는 책을 많이 읽는 사람들에게 추천받는 것이고, 또 하나는 책을 많이 읽다가 좋은 책을 만나는 것이네.

> 한 편의 설교를 위해서 읽는 서적량에 대해서 응답자의 60.18퍼센트가 대답한 1-3권이 가장 많았고, 그다음으로 4-7권(15.38퍼센트), 0-1권 미만(6.33퍼센트), 3-4권(4.98퍼센트), 10권 이상(4.53퍼센트) 순으로 대답했다.[4]

박 목사 목사님의 말씀은 결국 책을 많이 읽으라는 것이네요.

---

4 "설교, 어떻게 생각하십니까?", 「목회와 신학」, 2013년 1월 호, 75.

김 목사 책을 많이 읽는 것이 좋은 책을 만날 가능성을 높인다네. 책을 많이 읽으면 설교에 도움이 되기도 하지만 설교자 자신에게 도움이 되네. 독서는 스트레스 해소에 도움이 된다네.

나는 독서를 통해서 스트레스 해소에 많은 도움을 받았네. 목회자에게 스트레스가 많지 않은가. 22년을 담임목회했으니 스트레스가 얼마나 많았겠는가. 단지 독서만이 스트레스 해소에 도움이 된 것은 아니지만, 독서가 많은 도움이 된 것은 사실이네.

박 목사도 설교를 위해서 그리고 정신 건강을 위해서라도 책을 꾸준히 읽도록 하게.

> 영국 서섹스대학교 인지신경심리학과 데이비드 루이스 박사 팀의 연구 결과에 따르면 독서, 산책, 음악 감상, 게임, 커피 마시기 등 스트레스를 풀기 위한 방법으로 흔히 떠올리는 활동들 중 가장 효과가 좋은 것은 바로 독서라고 한다. 6분 정도 책을 읽으면 스트레스가 68퍼센트 감소되고 근육 긴장이 풀어지며 심박수가 낮아지는 것으로 밝혀졌다.[5]

박 목사 독서의 유익을 실제적으로 깨닫는 시간이었습니다. 오늘 숙제는 무엇입니까?

> 만일 목회자가 교양인-전문가-지도자가 아니라면 책을 읽지 않아도 될지 모른다. 그러나 사람들의 인식이나 기대처럼 목회자가 명실공히 교양인이고 전

---

[5] 사이토 다카시, 『독서는 절대 나를 배신하지 않는다』, 김효진 옮김 (걷는나무, 2015), 46.

> 문가이며 지도자라면 그들은 어떻게 해서든 책 읽는 것에 습관을 들여 책 읽기가 마치 호흡하는 것처럼 자연스러워져야 한다.[6]

김 목사 오늘 숙제는 아는 목회자로부터 책 한 권을 추천받아서 읽는 것이네.

---

6 송인규, "목회자와 책 읽기",「목회와 신학」, 2016년 11월 호, 147.

7

독서할 때 '자이가르닉 효과'를 이용해 보라

박 목사 지난번에 목사님을 통해 독서는 선택이 아니라 필수라는 것을 깨달았습니다. 책을 잘 읽으려면 읽는 방법이 중요할 것 같습니다. 바쁜 목회의 일상에서 책을 효과적으로 읽는 방법을 알려 주세요.

김 목사 책 읽는 구체적인 방법을 알려 주기 전에 박 목사가 책을 어떻게 읽고 있는지 알고 싶네.
　박 목사는 책 한 권을 보통 며칠 만에 읽는가?

박 목사 보통 일주일은 걸리는 것 같습니다. 책 한 권을 읽는 데 일주일 이상 걸릴 때도 있습니다. 저는 책을 읽을 때 줄을 긋고, 중요한 부분에는 노란색 형광펜으로 색칠도 합니다.

김 목사 많은 목회자가 박 목사처럼 독서할 것 같네. 나도 과거에 그렇게 했네. 이런 독서 방식에는 장단점이 있네. 장점은 정독하므로 책을 세밀하게 읽을 수 있다는 것이고, 단점은 천천히 읽으니 시간이 오래 걸린다는 것이네.

박 목사 목사님은 어떻게 읽으십니까?

김 목사 나도 오랫동안 박 목사처럼 책에 줄을 그으면서 읽었네. 책 읽는 속도가 느렸기 때문에 구입한 책을 다 읽지도 못하고 새 책을 사는 일이 반복해서 일어났네.

어느 날부터 책에 줄을 긋지 않는 독서를 시도해 보았네. 읽으면서 시간을 측정해 보았네. 놀랍게도 이것이 나의 독서 방식을 혁명적으로 바꾸었다네. 당시 250페이지 정도의 책을 읽었는데 생각보다 시간이 많이 걸리지 않았네.

박 목사는 250페이지 정도의 책을 처음부터 끝까지 줄 긋지 않고 읽으면 얼마나 걸릴 것 같은가?

박 목사 여섯 시간 정도 걸릴 것 같은데요. 아니면 일곱 시간 정도 걸릴 것 같기도 합니다.

김 목사 책에 따라서 시간은 달라지네. 당시에 나는 보통 정도 수준의 책을 읽었네. 처음부터 끝까지 줄 긋지 않고 읽었더니 네 시간 정도 걸렸네. 책 한 권을 읽는 시간이 생각보다 짧게 걸린다는 것을 알았다네. 이때부터 책 읽는 것에 대한 부담이 없어졌네.

박 목사 책 한 권을 일주일 동안 읽었던 제가 네다섯 시간 만에 읽을 수 있다면 독서가 어렵지 않게 다가올 것 같습니다.

김 목사 박 목사도 이렇게 읽으면 일주일에 세 권도 충분히 읽을 수 있네. 나는 줄 긋지 않고 책을 읽으면서 독서량이 절대적으로 많아졌다네. 한 주간에 여섯 권을 읽을 때도 있었네.

　그런데 아무리 책 한 권을 네다섯 시간 만에 다 읽을 수 있다고 해도 시간이 확보되지 않으면 불가능하네. 담임목사는 괜히 바쁘지 않은가. 그래서 조용한 시간을 확보하는 것이 관건이라네.

　박 목사의 하루 중 어느 시간대가 가장 조용한가? 네다섯 시간을 확보할 수 있는 때는 언제인가?

　박 목사 교회에 출근해서 점심을 먹기 전까지는 비교적 조용한 편이고, 저녁 8시 이후가 조용합니다.

　김 목사 토요일과 주일을 빼고, 그 시간을 책 읽는 시간으로 만들게. 다른 것은 하지 말고 오직 독서만 하게. 책을 읽을 시간은 그냥 생기지 않는다네. 시간을 만들어야 하네. 박 목사에게 책을 효과적으로 읽을 수 있는 방법을 소개하겠네.

　나는 이전에 독서를 세 번에 나누어서 했네. 잠자기 30분 전에 새 책을 펴서 읽었네. 30분만 읽었네. 책의 앞부분은 진도가 잘 나간다네. 20-30페이지 정도를 읽을 수 있었네. 새벽기도 가기 전에 30분 정도 이어서 읽었네. 이렇게 읽으면 15페이지 정도를 읽을 수 있네. 그리고 새벽기도를 마치고 책을 이어서 읽었네. 한 시간을 읽었기에 세 시간 정도만 더 읽으면 전체를 읽게 되네. 보통 새벽기도 후 7시 20분부터 읽으면 9시 30분 전에 다 읽을 수 있었네.

내가 쓴 방법이 '자이가르닉 효과'를 이용한 방법이네. 이 방법이 독서하는 데 많은 도움이 되네.

> 작업하다 중간에 멈추면 다음 날 추진력을 얻기 쉬울 뿐 아니라 우리 뇌가 정보를 기억하는 데도 도움이 된다. 심리학자 블루마 자이가르닉(Bluma Zeigarnik)은 1927년 유명한 실험을 실시했다. 이 실험에서 웨이터들은 주문을 받는 동안 방해를 받거나 미완성된 주문을 받았을 때, 주문 내용이 아무리 복잡해도 정확하게 기억했다. 하지만, 완성된 주문을 주방에 전달하자마자 이들은 주문 내용을 전혀 기억하지 못했다. 기억에서 아주 빠르게 지워진 것이다. 자이가르닉 효과(Zeigarnik effect)로 알려진 이 연구는 우리 뇌가 미완성된 상태를 싫어하기 때문에 완성될 때까지 정보를 붙잡아 둔다는 사실을 증명했다.[1]

박 목사 목사님을 따라 하기는 힘들 것 같습니다. 저 나름의 방법을 찾아보도록 하겠습니다.

지금도 이런 방법으로 독서를 하십니까?

김 목사 사람이 기계는 아니지 않은가. 나는 방법을 조금씩 바꾸면서 하고 있네. 지금은 주로 새벽기도 후 성경 읽기와 묵상 후에 책을 읽는다네. 그래서 점심 식사 전에 다 읽는다네. 오전에 일이 있어서 못할 때는 오후 시간을 이용한다네. 책을 읽는 것이 습관이 되다 보니 시간만 나면 읽는다네.

---

1 어맨사 임버, 『거인의 시간』, 김지아 옮김 (다산북스, 2024), 2장: 구조화, 전자책.

박 목사 목사님처럼 책을 많이 읽는다면 지식이 서로 연결되어 생각의 폭이 넓어져서 설교에 큰 도움이 될 것 같습니다.

> 뇌 과학자들의 설명을 보면, 책을 펴는 순간 글의 맥락을 이해하기 위해 우리의 뇌가 일을 한답니다. 곳곳에 내장된 기억이나 배경지식과 관련된 뇌 영역이 활성화되고 그런 감각 정보를 통합하는 뇌 영역 또한 활발한 기능을 보인다고 합니다. 책 읽는 내내 이런 작용이 일어난다고 해요.
> 책 읽기로 정보나 지식을 습득하기도 합니다. 하지만, 책 읽기는 이런 단순한 수준이 아니라 시각을 통해 들어오는 새로운 정보가 기존에 저장된 정보와 만나 섞이고 또 비교하고 추론하여 전에 생각지 못했던 것까지 생각하게 합니다. 한마디로 책 읽기는 뇌가 할 수 있는 최고의 수준까지 작동하게 하니 책을 읽을 때마다 당신은 조금씩 더 똑똑해질 수밖에 없습니다. 책 읽기는 최고의 뇌 운동입니다.[2]

김 목사 다양한 지식을 갖게 되면 시너지 효과를 낸다네. 독서를 꾸준히 하면 다양한 부분에서 성장이 일어난다네.

박 목사 책을 많이 읽는 것이 좋다는 것은 알겠는데 그저 많이 읽기보다 책 내용을 잘 정리하는 것이 필요할 것 같습니다. 책을 읽는다고 다 기억하지 못하기 때문입니다.

---

[2] 송숙희, 『부자의 독서법』 (토트, 2022), 2부: 부자의 책 읽기 200년의 비밀, 전자책.

설교 준비를 할 때 적절하게 사용하기 위해서는 책 내용을 잘 정리해 두어야 하지 않습니까?

김 목사 우리의 기억은 한계가 있기에 독서 후에 자료를 잘 정리해 두는 것이 필요하네. 나는 책을 읽을 때 노트와 펜을 준비하네. 책을 읽으면서 중요한 자료가 있으면 노트에 페이지와 자료 내용을 간단하게 적는다네. 이렇게 하면 그냥 읽을 때보다 시간은 조금 더 걸리네.

책을 다 읽은 후에는 자료가 있는 페이지를 복사한다네. 그리고 그것을 PDF 파일로 만들어서 컴퓨터 자료실 폴더에 넣는다네. 넣을 때 키워드를 여러 가지로 적는다네.

예를 들면, 은혜에 관한 이야기가 있는 페이지라면 '은혜', '이야기'를 넣어 자료의 제목을 적는다네. 이렇게 하면 나중에 '은혜', '이야기', '예화'로 검색하면 이 자료가 검색된다네.

이런 방식으로 자료를 정리하면 어떤 때는 책 한 권에서 20-30개 정도의 자료를 발견하고 저장할 수 있다네. 이것이 쌓이면 엄청난 자료의 저장고가 되네.

박 목사 지금까지 자료실에 모인 자료가 얼마나 됩니까?

김 목사 현재 컴퓨터에 저장된 자료 수는 6만 개가 넘는다네. 이 자료가 설교에 도움이 많이 되고 있네. 설교 준비를 할 때 필요한 자료를 바로 찾을 수 있기 때문이네.

박 목사 저도 지금부터라도 부지런히 자료를 모으겠습니다. 자료가 많아지면 설교 준비 시간은 줄어들고, 설교의 질은 더 올라갈 것 같습니다.

김 목사 나는 과거보다 설교 준비의 시간이 많이 줄었네. 또한, 설교에 대한 부담감도 많이 줄었다네. 박 목사도 꼭 이렇게 해 보게.

오늘은 여기까지 하겠네. 오늘 숙제는 책을 읽고, 책 안에 있는 설교에 필요한 자료 열 개를 찾아 정리하는 것이네.

일기를 일상의 기록으로 쓰면 설교에 도움이 된다

박 목사 혹시 목사님께서 22년간 목회하시면서 독서와 글쓰기 외에 설교에 도움이 된 것이 또 있습니까?

김 목사 독서와 글쓰기 외에 설교에 도움이 된 것 중 하나는 일기일세.
박 목사는 일기를 매일 쓰고 있는가?

박 목사 저는 특별한 일이 있을 때만 일기를 씁니다.
목사님은 매일 일기를 쓰십니까?

김 목사 나는 8년 전부터 매일 일기를 쓰고 있고, PDF 파일로 자료실에 저장하고 있네.

박 목사 8년간 매일 일기를 쓰셨다고 하니 놀랍습니다. 8년 전에는 쓰지 않으셨다는 말씀인데, 매일 일기를 쓰게 된 계기가 궁금합니다.

김 목사 일기를 쓰게 된 계기가 특별하지는 않네.

8년 전에 『아침 플래닝 3분』을 읽었네. 이 책의 저자는 일기를 저녁이 아니라 아침에 쓰면 매일 쓸 수 있다고 이야기했네. 사람들이 일기를 쓰지 못하는 이유 중 하나가 저녁에 일기를 쓰기 때문이라고 하더군. 저녁 시간은 피곤한 시간이라 일기를 매일 쓰기 힘들다는 것이 그의 주장이었네. 그는 일기를 아침에 3분 동안만 써 보라고 권했네. 이렇게 하라고 한 이유는 일기 쓰는 부담을 줄일 수 있기 때문이었네.

나는 저자의 주장이 일리가 있다고 생각하고 그다음 날 아침부터 일기를 쓰기 시작했네. 그때부터 지금까지 매일 일기를 쓰고 있네.

> 일기 쓰기 습관을 들이고 싶다는 생각이 너무 앞서 일기 쓰는 데만 30분 넘게 시간이 걸린다면 습관처럼 매번 쓰기도 어려울뿐더러 오히려 부담으로 작용할 것이다. 습관으로 몸에 익혀 꾸준히 지속하지 않으면 꿈도 목표도 실현하기 어려운 법이다. 그러므로 반드시 매일 3분씩 일기를 쓰겠다는 굳은 결심을 하고, 반드시 실전에 적용해야 한다.[1]

박 목사 아침에 3분 동안 일기를 쓰는 것이 힘들지는 않지만, 지속하기가 쉽지 않을 것 같습니다. 목사님은 어떻게 하셨는지 궁금합니다.

김 목사 나는 새벽기도를 마치고 책상에 앉으면 타이머를 3분으로 설정하고 일기부터 썼네. 일기를 쓰다가 알람이 울리면 곧바로 중단

---

1 사토 덴, 『아침 3분 플래닝』, 김윤희 옮김 (에이지, 2005), 53.

했네. 3분이라는 시간이 부담이 안 되었기 때문에 일주일 정도는 아무 문제 없이 일기를 계속 쓸 수 있었네. 일주일이 지나면서 아침에 일기 쓰는 것이 귀찮아지기 시작했네. 과거로 돌아가고 싶어진 것이네. 그때 나 자신에게 "겨우 3분인데"라고 말하고는 일기를 썼다네. 그러고는 계속 쓰게 되었다네.

박 목사 3분 정도 쓰면 양이 어느 정도 됩니까? 하루에 일어난 일을 쓰기에는 턱없이 부족할 것 같습니다.

김 목사 3분 동안 글을 쓰면 A4 용지의 2분의 1 정도 쓸 수 있네. 하루 전의 일을 다 쓰기에는 시간이 당연히 부족하네. 중요한 것은 습관을 만드는 것이네. 2주 정도가 되었을 때부터 일기 쓰는 양이 늘어났네. 아침에 쓰는 것이 습관화되었을 때부터는 타이머를 맞추지 않고 일기를 썼네. 시간이 지나면서 일기 쓰는 시간이 늘어났네.

박 목사 무엇이든지 하다 보면 발전하게 마련인데, 목사님께서는 일기 쓰는 일에 어떤 발전이 있었습니까?

김 목사 일기 쓰기가 습관화되니까 일기를 좀 더 잘 쓰고 싶어졌네. 어느 날부터 일기에 사진을 넣기 시작했다네. 식당에 가면 식당 건물 사진도 찍고 음식 사진도 찍었네. 일기에 사진이 들어가니 더 애착이 가기 시작했네. 사진이 들어가니 지난 일기를 보는 재미도 생겼네.

박 목사 일기에 사진을 넣는 것은 귀찮은 작업일 것 같습니다.

김 목사 사진이 있는 일기와 사진이 없는 일기의 차이를 알게 되면 사진 넣는 것이 그리 힘들지는 않네. 나는 성도들에게 선물을 받으면 사진을 찍어서 일기에 넣는다네. 목사는 선물을 받은 것을 잘 기억해야 하네. 선물 받은 것은 곧 은혜를 받은 것이기 때문이네.

우리는 잘 잊어버리지 않는가. 1년 정도가 지나면 잘 기억나지 않는다네. "기록은 기억을 지배한다"라는 말이 있네. 일기에 글과 함께 사진을 넣어 놓는다면 수년이 지나도 누구한테 무엇을 받았는지 알고 기억해 낼 수 있네. 목회하는 데 정말 도움이 된다네.

박 목사도 꼭 해 보게. 일기를 쓴다고 생각하지 말고 일상의 기록을 남긴다고 생각하고 일기를 써 보게. 나에게 일기는 일상의 기록이라네.

> 우리는 선조들이 직필 정신으로 지켜온 역사 위에 서 있다. 나와 당신에게도 그 피가 흐르고 있다. 기록은 동서고금을 막론하고 인류 역사를 일궈 왔다. 모든 인생은 기록하는 만큼 성장하고 완성되어 간다.[2]

박 목사 일상의 기록인 일기가 설교에 어떤 도움이 되는지 궁금합니다.

---

2 이찬영, 『기록형 인간』 (매일경제신문사, 2014), 16.

김 목사 일기를 일상의 기록으로 쓰다 보니 이제는 일기를 아침에 쓰지 않고 틈틈이 쓰고 있네. 책상에 앉아서 책을 읽거나 설교 준비할 때 수시로 일기를 쓰네.

예를 들면, 이런 식이네. 오전 8시부터 설교 준비를 시작한다면 일기장에 "8시부터 설교 준비를 시작했다"라고 적는다네. 11시에 성경 읽기와 주석 작업을 끝냈다면 일기장에 이렇게 적네.

"11시에 성경 읽기와 주석 작업을 완료했다."

이렇게 설교 준비하는 시간을 꼼꼼히 기록하게 되었네.

이렇게 할 때 어떤 유익이 있을 것 같은가?

박 목사 설교 준비하는 과정을 상세하게 기록해 놓는다면, 설교 준비 시간을 계산하는 것이 가능할 것 같습니다.

김 목사 우리는 설교 준비 시간을 실제와 다르게 생각하는 경향이 있네. 실제로는 여덟 시간 설교를 준비했는데 열 시간 준비했다고 생각하는 것이네. 설교 준비하는 시간을 기록하는 것만으로 설교 준비의 부담을 줄일 수 있다네.

> 자신에게 물어보라.
> '그 일을 하는 데 얼마나 걸리지?'
> 당신이 평소의 편안한 속도로 일할 때 얼마나 걸리는지 시간을 재면 얼마만큼의 시간이 필요한지 더 제대로 이해할 수 있다. 시간 관리가 체계적으로 잘되고 있다면 정신없거나 스트레스받는 기분이 들지 않는다. 따라서 반드시 스트

> 레스받지 않는 속도로 일하는 데 걸리는 시간을 재고, 예기치 못한 일 때문에 시간이 더 걸릴 때를 대비한 여유 시간도 확보하라.[3]

`박 목사` 일기가 설교에 도움이 된다고 하신 말씀이 이해됩니다. 담임목사들은 설교를 많이 해야 하는데, 설교 준비 시간을 정확하게 인지하고 있으면 설교 준비 계획을 세우기도 쉽고, 이로 인해 부담도 덜고 여유를 가질 수 있을 것 같습니다.

`김 목사` 일기를 기록의 의미로 쓰면 또 한 가지 유익이 있다네.
우리가 설교 준비해야겠다고 생각하고 책상에 앉지만 금방 안 되지 않는가. 인터넷 신문을 보는 등 딴짓을 자꾸 하게 되네. 이때가 만약 오전 9시 55분이라면 일기장에 "10시부터 설교 준비를 시작했다"라고 적는다네. 그러면 인터넷 신문을 보다가도 10시에 설교 준비를 하게 된다네. 적는 것만으로 행동하는 데 도움이 된다네.

`박 목사` 일기가 기록의 의미를 갖게 되니 그런 효과도 있네요. 일기 쓰는 것이 설교 준비에 큰 도움이 된다는 것을 오늘 깨달았습니다. 저도 일기를 꼭 쓰도록 하겠습니다.

`김 목사` 오늘 숙제는 매일 아침 3분 일기를 쓰는 것이네.

---

3 피터 홀린스, 『누구에게나 계획은 있다』, 솝희 옮김 (한빛비즈, 2023), 8장: 성공을 위한 매일의 체계, 전자책.

주보를 설교의 도우미로 활용해 보라

박 목사 많은 목회자가 주보에 설교 요약을 넣습니다. 주보를 설교의 도우미로 사용하려고 하는 것 같습니다. 저는 설교 요약을 성도들이 보지 않을 것 같아서 넣지 않고 있습니다.

주보를 설교의 도우미로 사용하는 좋은 방법이 있을까요?

김 목사 많은 목회자가 다양한 방식으로 주보를 설교의 도우미로 사용하고 있을 것 같네. 내가 하는 방법을 알려 주겠네.

혹시 박 목사는 주보에 칼럼을 쓰고 있는가?

박 목사 아직 글쓰기가 부담스러워서 못하고 있습니다. 칼럼을 써 보려고 몇 번 시도는 해 보았는데 번번이 실패했습니다.

목사님은 주보에 칼럼을 쓰십니까?

김 목사 나도 현재 칼럼을 쓰고 있지는 않네. 주보에 칼럼을 쓴 적은 있네. 한동안 칼럼을 쓰다가 다른 방식의 글쓰기로 바꾸었네. 칼럼 쓰는 것이 스트레스가 많이 되었기 때문이었네. 스트레스는 별로 없으면서 성도들에게 유익이 되는 글을 생각하다가 다른 형식의 글을 쓰기 시작했네. 칼럼 대신에 주보에 '담임목사 책 읽기'라는 코너를 만들고 글을 쓰고 있네. 이 글은 칼럼 대체용이라고 할 수 있네.

박 목사 '담임목사 책 읽기'라는 이름을 보니 독서 후에 뭔가를 쓰실 것 같은 생각이 듭니다.
책 서평 같은 것인가요?

김 목사 서평은 아니네. 읽은 책의 일부분을 성도들에게 소개하는 방식이네. 내가 책을 읽은 후에 성도들에게 유익하다고 생각되는 부분을 옮겨 적는다네. 물론, 책 내용만 싣지 않고 그 내용이 왜 중요한지에 대한 내 생각도 간단히 적는다네. 출처를 확실히 밝히네. 이렇게 하니 나에게도 좋고 성도들에게도 좋은 것 같네. 나는 글을 쓰는 부담에서 자유를 얻고, 성도들은 책을 통해 필요한 정보를 얻을 수 있기 때문이네.

박 목사 바쁜 주간이 있어서 책을 못 읽으실 수도 있지 않습니까? 그런 주에는 어떻게 하십니까?

김 목사 아무리 바쁜 주간이라도 '담임목사 책 읽기' 코너를 쓰는 데는 문제가 없네. 왜냐하면, 한 주에 책을 한 권만 읽는 것이 아니기 때문이라네. 여러 권을 읽으면서 미리 준비해 둔다네. 저축해 놓는다고 생각하면 되네.

박 목사 주로 어떤 책에서 발췌하십니까?
기독교 관련 서적에서 발췌하십니까?

김 목사 기독교 서적뿐 아니라 비기독교 서적에서도 발췌한다네. 특별히 자기 계발 서적이나 심리학 관련 서적에서도 발췌를 종종 한다네. 이런 책들에는 성도들에게 도움이 되는 정보가 많이 들어 있기 때문이네. 인간을 이해하는 데 자기 계발 관련 책들과 심리학 관련 책들이 도움이 되네.

박 목사 저는 자기 계발 서적과 심리학 관련 서적을 접할 기회가 별로 없었습니다. 주보에 실린 이런 글들이 설교에 어떻게 도움을 줄 수 있는지 궁금합니다.

김 목사 나는 설교에 다 담지 못하는 것들을 '담임목사 책 읽기'에 넣는다네. 예를 들면, 〈예수님처럼 사랑하고 산다면〉이라는 4주 시리즈 설교를 하기 전 주일에 〈당신은 사랑의 사람입니까?〉라는 제목의 글을 '담임목사 책 읽기'에 실었다네.

이 글은 『사랑한다면 예수님처럼』이라는 책에서 발췌했네. 저자는 고린도전서 13장에서 사랑 대신에 자신의 이름을 넣어 보라고 했네. 그다음에는 사랑 대신에 예수님을 넣어서 읽어 보라고도 했네. 자기 이름을 넣어서 읽을 때 자신이 사랑의 사람이 아니라는 것을 깨닫게 되고, 예수님을 넣어서 읽으면 예수님은 사랑의 예수님이라는 것을 알게 된다네.

이 글을 주보에 실어서 성도들이 한 주 후의 설교를 들을 준비를 하도록 했네.

박 목사 '담임목사 책 읽기'의 글을 읽은 사람들은 말씀을 들을 준비가 되겠네요. 자신이 사랑의 사람이 아니라는 것을 깨달은 후에 주일 설교가 더 궁금했을 것 같습니다.

김 목사 내가 읽으라고 한 이유가 바로 그것 때문이네. 성도들이 설교를 왜 들어야 하는지를 알도록 하기 위함일세.

박 목사 목사님의 설명을 듣고 보니 정말 도움이 될 것 같습니다. 저도 칼럼을 쓰는 것은 부담이 되지만 '담임목사 책 읽기'는 할 수 있을 것 같습니다. 그 방법을 좀 더 구체적으로 알려 주세요.

김 목사 일단 책을 읽으면서 성도들에게 유익이 될 만한 부분이 있다면 그 부분을 복사하게. 그리고 컴퓨터에 폴더 하나를 만들게. 그 폴더 안에 넣어 두게. 폴더에 저장할 때 제목을 잘 붙여야 하네. 그래야 나중에 제목을 보고 필요한 때에 선택할 수 있을 테니까. 그리고 A4 용지 한 장 정도로 '담임목사 책 읽기' 글을 작성하게. 글의 제목을 적고 어떤 책에서 왜 발췌했는지를 네다섯 줄 정도로 설명하게.

박 목사 주보의 '담임목사 책 읽기'를 1년 동안 꾸준히 읽으면 성도들에게 큰 유익이 될 것 같습니다.

김 목사 나는 정기적으로 만드는 교회 요람 속에 1년치 정도의 '담임목사 책 읽기' 내용을 싣는다네. 성도들에게 다시 읽을 수 있는 기회를 주는 것이네. 글을 읽고 나면 잊어버리지 않는가. 박 목사도 주보를 활용해서 설교에 도움이 되도록 해 보게.

오늘 숙제는 책 한 권을 읽고 '담임목사 책 읽기' 글을 작성하는 것이네.

10

'미리미리'가
여유와 평안의 열쇠다

박 목사 마지막으로 목사님께 질문하고 싶은 것이 있습니다. 목사님을 뵈면 여유와 평안이 느껴집니다.
　설교 준비의 스트레스와 부담에서 벗어나서 여유와 평안을 누리시는 비결이 무엇입니까?

김 목사 목회자가 설교 준비에 스트레스가 전혀 없고 부담이 전혀 없을 수 있겠는가. 나도 스트레스가 있고 부담이 있다네. 그렇지만 박 목사가 받는 스트레스나 부담에 비하면 크지 않은 것은 사실이네. 이렇게 된 가장 큰 이유는 미리미리 설교를 준비하기 때문이네.
　박 목사는 설교 준비를 언제 끝내는가?

박 목사 설교 준비가 끝나는 시점은 토요일 오후입니다. 토요일 5-6시쯤에 설교 준비가 끝납니다.

김 목사 토요일 오후에 설교 준비가 끝난다면, 박 목사는 금요일부터 설교에 대한 압박감이 점점 커지겠구먼. 박 목사의 스트레스를 이해하네. 왜냐하면, 나도 담임목사가 된 후 오랫동안 토요일 저녁 9-10시경에 설교 준비를 끝냈기 때문이네. 토요일에 받는 스트레스가 상당했었네. 극심한 스트레스를 받았음에도 주초에 설교 준비를 하지 않았네.

이유가 뭔지 아는가?

박 목사 시간이 많이 남았기 때문이었을 것 같습니다. 힘든 설교 준비를 굳이 주초부터 하고 싶지 않았던 것입니다.

김 목사 박 목사가 말한 것과 더불어 또 한 가지 이유가 있네. 화요일이나 수요일에 설교 준비를 하지 못한 이유는 마감이 임박할 때 찾아오는 긴장감이 설교 준비에 도움이 된다고 생각했기 때문이네. 이 긴장감이 집중에 도움이 되었네. 그러다 보니 집중이 잘 안 되는 화요일이나 수요일에 설교를 준비하려고 하지 않았던 것이네.

> 3일 만에 완성할 수 있는 일이 있다. 미루는 사람은 마감 6일이 남아 있을 때까지 전혀 조급해하지 않다가 이틀 반 정도 남았을 때 다급하게 일을 시작한다. 시간상의 긴박함과 초조함은 미루는 습관이 있는 사람의 투지를 자극한다. 단기간 내에 긴장하고 집중하기 때문에 신경이 흥분돼서 효율도 매우 높다. 이 때문에 자기 자신은 압박이 있는 상태에서 생각이 트이고 일을 더 잘 처리할 수 있다고 착각하는 것이다.[1]

---

1 무천강, 『하버드 100년 전통 인생 수업』, 하정희 옮김 (리드리드출판, 2023), 제8장: 한정된 시간에 많은 일을 완성하라, 전자책.

박 목사 저도 목사님과 비슷한 생각을 하고 있는 것 같습니다. 이로 인하여 토요일에 설교 준비하는 것을 당연하게 여기고 있는 것 같습니다.

김 목사 지금도 많은 목회자가 이런 생각을 하면서 토요일이 되어서야 설교 준비를 시작할 것 같네. 토요일에 설교 준비를 하면 스트레스가 심할 수밖에 없네. 미국의 어떤 목회자는 토요일에 설교 준비하는 것을 두고 "주말의 공포"라고 했네.

나도 토요일에 설교 준비하는 것이 힘들었지만 긴장감이 주는 유익이 있었기에 오랫동안 포기하지 못했다네. 목회할 동안에는 화요일이나 수요일에 설교 준비하는 것은 불가능할 것으로 생각했네. 그러다가 감사하게도 화요일과 수요일에 설교 준비를 할 수 있게 되었네.

박 목사 오랫동안 하던 방식을 바꾸기가 쉽지 않을 것 같습니다. 토요일에 하시던 설교 준비를 화요일과 수요일로 바꾸신 계기가 궁금합니다.

김 목사 어느 날 책을 한 권 읽었네. 책 제목이 기억나지는 않네. 이 책의 저자는 새벽 시간에 주로 책을 썼는데, 글쓰기가 안 되는 날도 많았다고 하네. 그런 때에도 그는 글쓰기를 다음 날로 미루지 않고 생각나는 대로 아무 글이나 썼다고 했네. 그랬더니 10분 정도 지나면서 이전처럼 글쓰기에 몰입할 수 있었다고 했네. 그 책을 읽으면서 나도 이렇게 하면 주초에 설교 준비를 할 수도 있겠다고 생각하고 시도해 보았네. 그날이 수요일로 기억하네.

어떻게 되었을 것 같은가?

> 영감이 떠오르지 않아 글을 쓸 수 없다고 말하는 사람이 많지만, 사실은 글을 쓰지 않기 때문에 영감이 떠오르지 않는 것이다. 아직 준비가 제대로 안 되어 시작을 못한다고 하는 사람이 많지만 사실은 시작을 하지 않기 때문에 준비를 못하는 사람이 더 많다.[2]

박 목사 목사님이 질문하시는 것을 보니 토요일처럼 설교 준비가 되었을 것 같습니다.

정말 토요일처럼 설교 준비가 가능해졌습니까?

김 목사 막상 설교 준비를 하려고 하는데 마음에 이런 음성이 들렸네.

"오늘은 겨우 수요일인데 왜 힘든 설교 준비를 하려고 하나?"

그전에도 여러 번 주초에 설교 준비를 시도했었다네. 결국에 매번 이 음성에 굴복했었네. 그날에는 이 음성에 다르게 반응했네.

"설교 준비하려는 것이 아니다. 그냥 몇 자 적으려고 할 뿐이다."

이렇게 하고는 설교 본문을 보면서 떠오르는 것을 그냥 타이핑하기 시작했네. 설교 준비를 한 것이 아니라, 설교 본문을 보면서 떠오르는

---

2 이민규, 『실행이 답이다』 (더난출판사, 2011), 108.

생각을 타이핑했네. 놀라운 일이 일어났네. 10분 정도 지나니 주말에 설교 준비하던 자세가 나오기 시작했네. 설교 준비가 가능해졌다네.

박 목사 수요일에 주일 설교 준비를 다 하셨습니까? 수요일에 하는 설교 준비가 토요일에 하는 설교 준비와 같을 수 있는지 의문이 갑니다.

김 목사 처음부터 잘할 수 있겠나. 설교 준비를 30퍼센트 정도 했다네. 설교 준비가 생각보다 잘되었지만 수요일이라는 생각 때문인지 계속하지는 못했네. 설교 준비를 다 못했지만 큰 것을 얻었네. 수요일에 설교 준비가 가능하다는 것을 알게 된 것이 큰 소득이었다네.

그 후부터 화요일 혹은 수요일에 설교 준비를 하기 시작했네. 그날부터 매일 조금씩 설교 준비를 하였네. 화요일이나 수요일부터 설교 준비를 하니 토요일 오후 3시 전에 마칠 수 있었네. 토요일 오후 3시경에 설교 준비를 마친 것은 내게 혁명적인 사건이었네. 그전에 토요일 오후 3시 이전에 설교 준비를 마친 적이 없었기 때문이었네.

박 목사 화요일이나 수요일에 설교 준비가 시작되고 토요일 오후 3시 이전에 설교 준비를 마쳤을 때 무엇이 좋으셨습니까?

김 목사 주말의 공포가 사라졌다네. 미리 설교 준비를 조금씩 하면서 주말이 다가오는 데 따른 스트레스가 사라졌네. 그때부터 화요일 아니면 수요일에 30퍼센트 정도 준비를 하고, 금요일에 조금 더 하고, 토요일 아침부터 오후 3시까지 설교 준비를 마무리했네. 이런 식으로 3년 이상을 했다네. 3년 정도 이렇게 한 후에 설교 준비를 조금 더 앞당겨 보았네. 설교 준비를 화요일이나 수요일에 70퍼센트 정도 하고 토요일 오전 11시 이전에 마무리했네.

어떤 변화가 일어났을 것 같은가?

박 목사 목요일과 금요일에 뭔가 다른 일을 할 수 있을 것 같다는 생각이 듭니다.

김 목사 목요일과 금요일은 독서에 집중했네. 설교에 대한 부담이 별로 없으니 독서를 즐겁게 할 수 있었다네. 그렇게 하다가 또 다른 도전을 했네.

박 목사 무슨 도전을 하셨습니까?

김 목사 설교 준비를 미리 하니 너무 좋았다네. 한 주 전에 80퍼센트의 설교 준비를 시도했었다네. 한 주 전 금요일과 토요일에 설교 준비의 70퍼센트 정도를 했다네. 한 주 전에 설교 준비를 하니 여유가 있어서 그런지 몰입이 잘되었고, 설교 준비 시간도 줄어들었다네.

설교의 질은 더 좋아졌네. 왜냐하면, 미리 준비하면 설교문이 숙성되기 때문이네. 설교문 작성을 어느 정도 하고 나면 그 설교문을 계속 생각하게 된다네.

설교하기 전날 토요일 아침에 설교문을 다시 보면 부족한 부분이 보인다네. 미리 준비하지 않았으면 결코 얻을 수 없는 유익이네. 이렇게 미리 설교 준비를 하면서 이전에는 누리지 못한 것을 누릴 수 있었네.

> 제대로 집중하면 여섯 시간 걸릴 일을 30분 만에 끝낼 수 있지만, 그렇지 못하면 30분이면 끝낼 일을 여섯 시간 해도 끝내지 못한다.[3]

박 목사 한 주 전에 미리 설교 준비를 할 때 무엇을 누릴 수 있습니까?

해 보지 않아서 잘 모르겠습니다.

김 목사 한 주 전에 설교 준비를 70퍼센트 정도 마무리하면 그다음 주 월요일부터 토요일이 같은 날로 느껴진다네. 그전에는 월요일부터 토요일이 같은 날이 아니었네. 어떤 날은 더 부담이 되었다네. 한 주 전에 설교 준비를 70퍼센트 정도 끝내고 나니 한 주간 전부가 부담 없는 날이 된 것이네. 한 주 후의 설교 준비를 할 때에도 몰입이 잘되어 그리 힘들지도 않았다네.

> 일을 흡수할 정도로 몰입하면 창의력과 자신감이 커지고 이는 좋은 결과로 이어진다.

---

[3] 데이먼 자하리아데스, 『잃어버린 집중력 구하기』, 이 현 옮김 (빅피시, 2024), 2부: 언제 어디서나 집중할 수 있는 시스템을 구축하는 법, 전자책.

> 일에 몰입하면 아래 목록을 모두 얻을 수 있다.
> 에너지와 행복, 긍정적인 마음과 유머 감각, 만족감과 성취감.
> 그리고 다음 목록이 사라진다.
> 스트레스와 압박감, 의구심과 불안감, 지루함과 산만함.[4]

박 목사 한 주 전에 설교 준비의 70퍼센트를 마친다면 여유와 평안을 누릴 수 있을 것 같습니다.

김 목사 나는 많은 젊은 목회자가 설교의 스트레스에서 벗어나서 여유와 평안을 얻기를 바라네.

> 우선은 '미리'다.
> 어떤 일에서건 '미리'의 가치는 요긴하지만 특히나 설교 준비에서 '미리'는 너무나 귀하고 사랑스러운 길이다. 미리 준비된 설교가 깊이 있고, 미리 준비된 설교가 보다 감동이 있다.
> 학창 시절 벼락치기 공부의 효력도 꽤 짭짤하지만 평소에 미리 준비한 공부의 내공에 비길 수는 없다.[5]

---

4 데보라 잭, 『싱글태스킹』, 이혜리 옮김 (인사이드앤뷰, 2015), 3장: 당신의 마음, 전자책.
5 채경락, "시리즈 설교, 어떻게 준비할 것인가?", 「목회와 신학」, 2013년 1월호, 90.

박 목사 너무 감사합니다. 목사님과 40번의 만남에서 설교에 대하여 많은 것을 배웠습니다. 앞으로 제 목회에 큰 도움이 될 것 같습니다. 이제 더 이상 숙제가 없어서 좋기도 하지만 아쉽기도 합니다.

김 목사 박 목사 덕분에 나도 설교에 대하여 정리를 할 수 있었네. 하나님께서 박 목사의 목회에 큰 은혜를 베풀어 주시기를 바라네.

참고 문헌

1. 국내 도서

강문대. 『교회, 가이사의 법정에 서다』. 뉴스앤조이, 2013.
구금섭. 『구속사적 설교신학』. 한국학술정보, 2007.
권 호. 『본문이 살아 있는 설교』. 아가페북스, 2018.
권 호·임도균. 『최상의 설교』. 아가페출판사, 2023.
김 단. 『역주행의 비밀』. 스노우폭스북스, 2023.
김도인. 『설교는 글쓰기다』. CLC, 2019.
김병완. 『공부에 미친 사람들』. 다산북스, 2019.
김병완. 『나는 책쓰기로 인생을 바꿨다』. 북씽크, 2016.
김병태. 『행복한 권사』. 브니엘, 2020.
김익환. 『거인의 노트』. 다산북스, 2023.
김형근. 『미래 목회 성장 리포트』. 두란노, 2022.
김형익. 『설교 듣는 법』. 두란노, 2020.
박용철. 『감정은 습관이다』. 유노책주, 2023.
송숙희. 『150년 하버드 사고력 수업』. 유노북스, 2024.
송숙희. 『부자의 독서법』. 토트, 2022.
송숙희. 『최고의 글쓰기 연습법 베껴 쓰기』. 대림북스, 2013.
송은진. 『묵상』. 글과길, 2023.
신성욱. 『목사님, 설교 최고예요』. 생명의말씀사, 2011.
신성욱. 『성경 먹는 기술』. 규장, 2007.
옥한흠. 『평신도를 깨운다』. 국제제자훈련원, 2024.

이민규. 『실행이 답이다』. 더난출판사, 2011.
이시형. 『엄마, 그렇게 키워선 안 됩니다』. 풀잎, 2014.
이지웅. 『말씀을 읽다』. 예수전도단, 2014.
이찬영. 『기록형 인간』. 매일경제신문사, 2014.
장대은. 『목사의 독서법』. 생명의말씀사, 2021.
장문정. 『사람에게 돌아가라』. 쌤앤파커스, 2015.
전인우. 『브레이킹 루틴』. 중앙북스, 2021, 전자책.
정 현. 『나의 설교 멘토』. 침례신학대학교출판부, 2009.
정경수. 『목표 달성까지 7일』. 빅픽처컴퍼니, 2020, 전자책.
조관일. 『청중을 사로잡는 명강의 기술』. 21세기북스, 2013.
조광현. 『질문과 함께 배우는 설교』. 복있는사람, 2022.
주승중. 『성경적 설교의 원리와 실제』. 예배와설교아카데미, 2006.
채경락. 『쉬운설교』. 생명의양식, 2019.
최인철. 『굿라이프』. 21세기북스, 2018.

2. 번역 도서

가바사와 시온. 『야근은 하기 싫은데 일은 잘하고 싶다』. 이정미 옮김. 북클라우드, 2018.
가이 M. 리처드. 『끈질긴 기도』. 유정희 옮김. 생명의말씀사, 2022.
데보라 잭. 『싱글태스킹』. 이혜리 옮김. 인사이드앤뷰, 2015.
데이먼 자하리아데스. 『잃어버린 집중력 구하기』. 이 현 옮김. 빅피시, 2024.
데이비드 고든. 『우리 목사님은 왜 설교를 못할까』. 최요한 옮김. 홍성사, 2012.
데이비드 알렌. 『간추린 본문이 이끄는 설교』. 김대혁·임도균 옮김. 아가페북스, 2016.
라이디 클로츠. 『빼기의 기술』. 이경식 옮김. 청림출판, 2023.
릭 워렌. 『목적이 이끄는 교회』. 김현회·박경범 옮김. 디모데, 2008.

마틴 로이드 존스. 『목사와 설교』. 서문강 옮김. CLC, 2020.

모기 겐이치로. 『아침의 재발견』. 조해선 옮김. 비즈니스북스, 2019.

모니카 레오넬. 『8분 글쓰기 습관』. 홍주현 옮김. 사우, 2021.

무천강. 『하버드 100년 전통 인생 수업』. 하정희 옮김. 리드리드출판, 2023.

뮤리얼 엘머·두에인 엘머. 『뇌 과학과 사회과학이 말하는 가르침의 여정』. 홍종락 옮김. IVP, 2022.

브라이언 채플. 『그리스도 중심의 설교』. 엄성옥 옮김. 은성, 2016.

브루스 모히니. 『목사님 설교가 아주 신선해졌어요』. 오태용 옮김. 베다니출판사, 2011.

사이토 다카시. 『독서는 절대 나를 배신하지 않는다』. 김효진 옮김. 걷는나무, 2015.

사토 덴. 『아침 3분 플래닝』. 김윤희 옮김. 에이지, 2005.

스콧 M. 깁슨. 『목회자가 꼭 알아야 할 설교 포인트 55』. 김태곤 옮김. 아가페출판사, 2022.

스콧 M. 깁슨. 『설교 표절로부터의 해방』. 김귀탁 옮김. 새물결플러스, 2018.

스콧 M. 깁슨. 『주일 강단을 제자훈련의 기회로 활용하라』. 최우성 옮김. 국제제자훈련원, 2014.

스콧 앨런. 『힘든 일을 먼저 하라』. 이희경 옮김. 갤리온, 2023.

싱클레어 퍼거슨. 『복음대로 삶』. 구지원 옮김. 생명의말씀사, 2023.

아힘 헤르트너. 『다시 설교를 디자인하라!』. 손성현 옮김. kmc, 2014.

앤드류 머레이. 『왜 믿지 못하는가』. 박일귀 옮김. 패밀리북클럽, 2016.

어맨사 임버. 『거인의 시간』. 김지아 옮김. 다산북스, 2024.

J. D. 그리어. 『복음 특강』. 정성묵 옮김. 두란노, 2023.

짐 퀵. 『마지막 몰입』. 김미정 옮김. 비즈니스북스, 2021.

크리스토퍼 애쉬. 『좌절된 설교의 치유』. 김태형 옮김. 좋은씨앗, 2021.

팀 루카스·워렌 버드. 『리퀴드처치』. 유정희 옮김. 규장, 2022.

팀 켈러. 『팀 켈러의 센터처치』. 오종향 옮김. 두란노, 2016.

팀 켈러. 『팀 켈러의 인생 질문』. 윤종석 옮김. 두란노, 2019.
피터 홀린스. 『누구에게나 계획은 있다』. 솝희 옮김. 한빛비즈, 2023.
해돈 로빈슨. 『강해 설교』. 박영호 옮김. CLC, 2016.
해돈 로빈슨. 『성경적인 설교와 설교자』. 전의우 옮김. 두란노아카데미, 2007.
허셀 W. 요크·버트 데커. 『확신 있는 설교』. 신성욱 옮김. 생명의말씀사, 2008.

3. 학술지

김연종. "들리는 설교 vs. 들리지 않는 설교." 「목회와 신학」. 2013년 1월 호.
김지찬. "설교에 있어서 주석의 절대적 필요성." 「목회와 신학」. 2001년 7월 호.
류응렬. "들리는 설교를 하라." 「목회와 신학」. 2016년 12월 호.
송인규. "목회자와 책 읽기." 「목회와 신학」. 2016년 11월 호.
신성욱. "강해 설교로 시리즈를 구성하라." 「목회와 신학」. 2017년 12월 호.
임택진. "설교의 청사진." 「목회와 신학」. 1992년 12월 호.
"설교, 어떻게 생각하십니까?" 「목회와 신학」. 2013년 1월 호. 설문 조사.

CLC 설교학 시리즈 안내

1. 강해 설교(제2증보판)
해돈 로빈슨 지음 | 박영호 옮김 | 188*254 양장 | 312면

2. 프리칭 예수
찰스 L. 캠벨 지음 | 이승진 옮김 | 신국판변형 | 428면

3. 교회력에 따른 예배와 설교
로버트 E. 웨버 지음 | 이승진 옮김 | 신국판 | 272면

4. 인물 설교, 이렇게 하라
R. 래리 오버스트릿 지음 | 이승진 옮김 | 신국판 | 312면

5. 청중을 사로잡는 구약의 내러티브 설교
스티븐 D. 매튜슨 지음 | 이승진 옮김 | 신국판 | 472면

6. 개혁주의 설교(개혁주의 시리즈 19)
허순길 지음 | 신국판 | 192면

7. 교회절기 설교
허순길 지음 | 신국판 | 342면

8. 구속사적 설교의 실제
고재수 지음 | 국판 | 212면

9. 치유 설교학
캐시 블랙 지음 | 이승진 옮김 | 신국판 | 232면

10. 설교와 교회 성장
이병철 지음 | 신국판 | 312면

11. 복음 설교
D. M. 로이드 존스 지음 | 박영호 옮김 | 신국판 | 245면

12. 복음주의 설교학
복음주의실천신학회 편집 | 국판 | 300면

13. 설교 연구
제임스 E. 아담스 지음 | 정양숙 · 정삼지 옮김 | 국판 | 440면

14. 설교학 사전
윌리엄 윌리몬 · 리차드 리스쳐 지음 | 이승진 옮김 | 신국판 양장 | 784면

15. 설교 해부학
리차드 알렌 보디 지음 | 권숙 옮김 | 신국판 | 304면

16. 성령과 설교
니스 F. 킨러 지음 | 정일오 옮김 | 신국판 | 168면

17. 설교 모델
안명복 지음 | 신국판 | 464면

18. 하나님 말씀과 대화 설교
루시 앳킨슨 로즈 지음 | 이승진 옮김 | 신국판 | 272면

19. 건강한 교회를 위한 교리 설교
밀라드 에릭슨 · 제임스 해플린 지음 | 이승진 옮김 | 신국판 | 416면

20. 현대인을 위한 성경적 설교
잭 에즈윈 지음 | 이승진 옮김 | 신국판 | 432면

21. 강단의 비타민 일인칭 강해 설교
켄트 에드워즈 지음 | 김창훈 옮김 | 신국판 양장 | 272면

22. 성경적 설교의 초대
도널드 R. 수누키안 지음 | 채경락 옮김 | 신국판 양장 | 488면

23. 하나님 말씀 중심의 설교
존 W. 라이트 지음 | 박현신 옮김 | 신국판 | 236면

24. 최신 설교 디자인
데니스 M. 캐힐 지음 | 이홍길 · 김대혁 옮김 | 신국판 | 220면

25. 전방위 설교
마이클 J. 퀵 지음 | 이승진 옮김 | 신국판 | 408면

26. 영성과 설교
최창국 지음 | 신국판 | 256면

27. 깊은 설교
켄트 에드워즈 지음 | 조성헌 옮김 | 신국판 | 376면

28. 성경과 설교
이성민 지음 | 신국판 | 440면

29. 상황에 적실한 설교
이승진 지음 | 신국판 | 448면

30. 성경적 상담 설교
전형준 지음 | 신국판 양장 | 712면

31. 교회를 세우는 설교목회
이승진 지음 | 신국판 | 408면

32. 마지막 때에 관한 설교
월터 C. 카이저 지음 | 김혜경 옮김 | 신국판 | 424면

33. 뇌는 설교를 어떻게 받아들이는가
리차드 H. 콕스 지음 | 김창훈 옮김 | 신국판 | 272면

34. 설교의 날개를 펼쳐라
배종열 지음 | 신국판 | 208면

35. 하나님의 어릿광대
찰스 L. 캠벨·요한 H. 실리에 지음 | 김대집 옮김 | 신국판 | 488면

36. 설교 심포니
요한 H. 실리에 지음 | 이승진 옮김 | 신국판 | 464면

37. 강해 설교를 위한 12가지 필수기술
웨인 맥딜 지음 | 최용수 옮김 | 크라운판변형 | 480면

38. 예배와 설교
마이클 J. 퀵 지음 | 김상구·배영민 옮김 | 신국판 | 576면

39. 신약성경과 설교
리차드 웰스·보이드 루터 지음 | 이승진 옮김 | 신국판 | 448면

40. 설교다운 설교
토니 메리다 지음 | 김대혁 옮김 | 신국판 | 448면

41. 설교와 청중
조성헌 지음 | 신국판 | 232면

42. 생명력 있는 설교
유진 L. 라우리 지음 | 김양일 옮김 | 신국판 | 232면

43. 성경적 설교
조성현 지음 | 신국판 | 264면

44. 로이드 존스의 설교자 연구
양우광 지음 | 신국판 | 184면

45. 설교로 보는 종교개혁
조성현 지음 | 신국판 | 192면

46. 교회사 속의 설교자들
주도홍 지음 | 신국판 양장 | 360면

47. 포브릿지 프리칭
박현신 지음 | 크라운판 양장 | 504면

48. 옥한흠 목사의 설교 세계
박용규 지음 | 신국판 | 408면

49. 구약성경과 설교: 존엄하신 하나님
월터 C. 카이저 지음 | 곽은성·황요셉 옮김 | 신국판 | 248면

50. 탈교회 시대의 설교
월터 브루그만 지음 | 이승진 옮김 | 신국판 | 364면

51. 성육신적 설교와 커뮤니케이션
데이비드 데이 지음 | 최승근 옮김 | 신국판 | 320면

52. 설교를 통해 배운다
김도인 지음 | 신국판 | 300면

53. 설교 고쳐 쓰기
민병남 지음 | 신국판 | 272면

54. 구약성경의 강해 설교
해돈 로빈슨 · 패트리시아 바튼 편집 | 김대혁 옮김 | 신국판 | 320면

55. 성경으로 본 설교 이야기
최성훈 지음 | 신국판 | 260면

56. 매력적인 강해 설교
대니얼 에이킨 · 빌 커티스 · 스테판 러미지 지음 | 권 호 · 김대혁 · 임도균 옮김 | 신국판 | 460면

57. 현대 강해 설교
이종욱 지음 | 신국판 | 160면

58. 팀 켈러의 변증 설교
박용기 지음 | 신국판 | 220면

59. 설교는 글쓰기다
김도인 지음 | 국판변형 | 392면

60. 토마스 맨톤의 생애와 설교
데릭 쿠퍼 지음 | 박광영 옮김 | 국판변형 | 304면

61. 증언 설교
토마스 G. 롱 지음 | 이우제 · 황의무 옮김 | 신국판 | 500면

62. 인물로 보는 한국 교회 설교
조성현 지음 | 신국판 | 224면

63. 강해 설교 유형과 작성법
장부영 지음 | 신국판 양장 | 430면

64. 설교가 쉽다
정원석 지음 | 신국판 | 376면

65. 개혁주의 표준 설교법
페트루스 판 마스트리히트 지음 | 이스데반 옮김 | 신국판 양장 | 736면

66. 로이드 존스의 설교신학
최정권 지음 | 신국판 | 224면

67. 쉬운 성경적 설교 작성법
한원기 지음 | 신국판 | 280면

68. 작은 설교
조나단 T. 페닝톤 지음 | 전태경 옮김 | 사륙변형 | 136면

69. 한 페이지 설교
정원석 지음 | 신국판 | 380면

70. 10강으로 끝내는 설교학
이승우 지음 | 국판변형 | 268면

71. 개혁주의 설교학의 쟁점들
이승진 지음 | 신국판 | 408면

72. 설교, 너무 잘하려고 하지 마라
김은동 지음 | 국판변형 | 264면